The Annual Report on the Eco-System of
Science and Technology Finance in China 2022

中国科技金融生态年度报告

2022

中国科学技术发展战略研究院 / 中国科技金融促进会 ◎编著

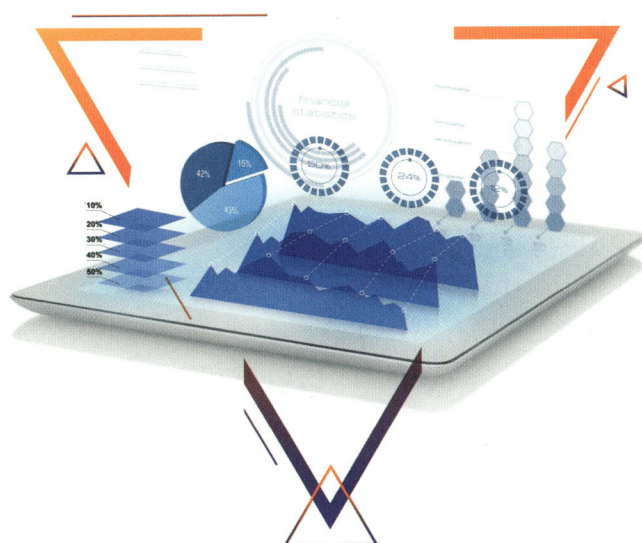

科学技术文献出版社
SCIENTIFIC AND TECHNICAL DOCUMENTATION PRESS
·北京·

图书在版编目（CIP）数据

中国科技金融生态年度报告. 2022=The Annual Report on the Eco-System of Science and Technology Finance in China 2022 / 中国科学技术发展战略研究院，中国科技金融促进会编著. —北京：科学技术文献出版社，2022.11
ISBN 978-7-5189-9803-6

Ⅰ.①中…　Ⅱ.①中…　②中…　Ⅲ.①科学技术—金融—研究报告—中国—2022
Ⅳ.① F832

中国版本图书馆 CIP 数据核字（2022）第 221190 号

中国科技金融生态年度报告2022

策划编辑：陈梅琼　　责任编辑：李　晴　　责任校对：王瑞瑞　　责任出版：张志平

出　版　者	科学技术文献出版社
地　　　址	北京市复兴路15号　邮编 100038
编　务　部	（010）58882938，58882087（传真）
发　行　部	（010）58882868，58882870（传真）
邮　购　部	（010）58882873
官 方 网 址	www.stdp.com.cn
发　行　者	科学技术文献出版社发行　全国各地新华书店经销
印　刷　者	北京时尚印佳彩色印刷有限公司
版　　　次	2022 年 11 月第 1 版　2022 年 11 月第 1 次印刷
开　　　本	889×1194　1/16
字　　　数	99千
印　　　张	4.75
书　　　号	ISBN 978-7-5189-9803-6
定　　　价	68.00元

编辑委员会

主　编：王　元

副主编：郭　戎　程维华　张明喜

成　员：魏世杰　苏　牧　李希义　张俊芳　郭滕达

　　　　朱欣乐　周代数　薛　薇　王秋颖

前　言

　　党的十八大以来，科技改革和金融改革不断深化，金融对实体经济，特别是科技创新的支持力度逐步增强，科技金融发展更加成熟。各级政府出台了大量改革举措，为金融服务科技创新提供了强有力的保障。

　　10年来，科技金融更加壮大。创业投资总资本额已经在全球创业投资市场位列第二；随着创业投资总体规模的不断增长，高科技领域企业获得大量创业投资。围绕实施创新驱动发展战略与高水平科技自立自强，中央和地方合力推动国内银行贷款支持科技创新、支持国内科技型中小企业，促进科技成果转化和产业化。科技保险利用保险功能和资金优势，为科技企业研发、成果转化和产业化活动提供风险保障、资金融通等服务，为科技创新分散风险。改革是近10年来资本市场的关键词，科创板设立、创业板改革，以及北交所的设立进一步丰富了市场体系，股票和债券的注册制改革持续推进，优先股、存托凭证、双创债及科技创新主题债等各类创新产品进一步拓宽了科技企业融资渠道。与此同时，科技在金融服务中的应用场景日益广泛，金融服务也呈现数字化趋势。

目 录
CONTENTS

》领域篇

第一章　创业投资

中国创业投资（VC）发端于 20 世纪 80 年代，1985 年，我国第一家专营新技术创业投资的全国性金融企业——中国新技术创业投资公司在北京成立。1998 年，政协"一号提案"为我国高科技产业和创业投资发展指明了方向。自 21 世纪以来，特别是党的十八大以来，伴随着高新技术企业的蓬勃兴起，我国创业投资快速发展，已经在全球创业投资市场上占有重要地位。

创投行业总量快速增长

据统计，截至 2021 年年底，中国共有 1072 家 VC 管理机构管理着 2496 支 VC 基金，其管理的创业投资资产规模达到 13 035.3 亿元。自 2012 年以来，中国创投管理资本年均增长率为 14.3%。趋势显示，2013 年我国经济发展步入"新常态"，经济发展动力转向新的经济增长点，创业投资蓬勃发展；2016—2019 年，随着资管新规等严监管政策的落地及 2019 年全球疫情影响，中国创业投资总量增长有所放缓；自 2020 年以来，中国创业投资再度活跃（图 1-1）。

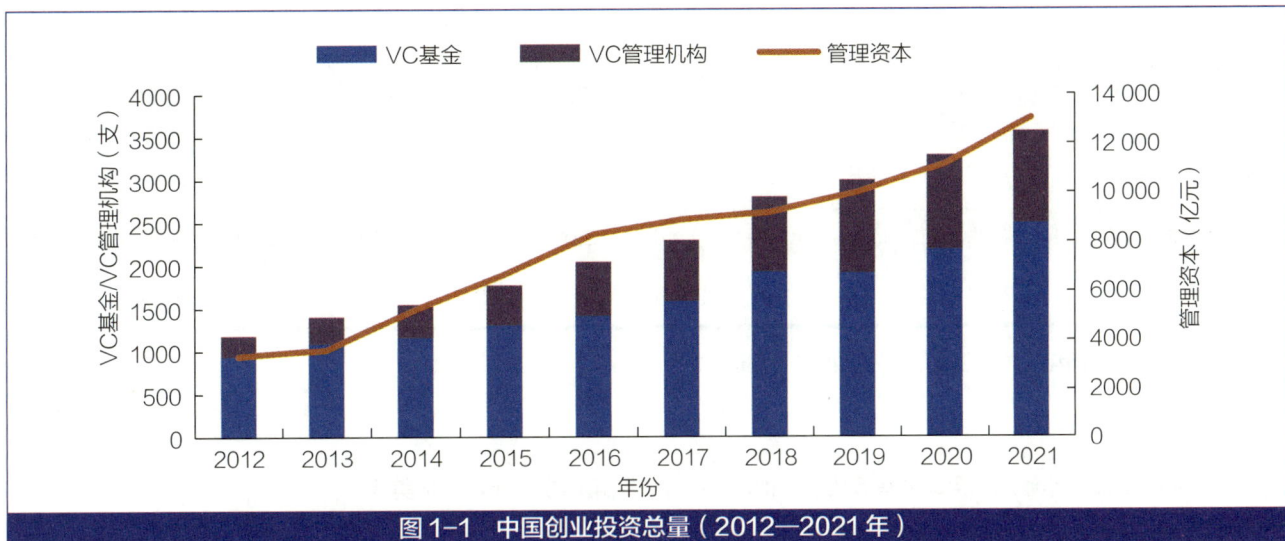

图 1-1　中国创业投资总量（2012—2021 年）

高新技术企业增长的催化剂，投资布局发生转移

创业投资主要以高科技领域企业为投资对象，截至 2021 年年底，中国创投累计投资高新技术企业项目数为 12 937 项，投资金额为 2585.8 亿元，占比分别为 40.4% 和 35.5%。以独角兽企业为例，根据对全球独角兽 500 强企业[①] 获得机构投资的不完全统计，共有 637 家投资机构参与其中。排名在前 100 位的投资机构中有 49 家来自美国、45 家来自中国[②]。红杉资本的战绩可谓一马当先，共投资了 83 家全球独角兽企业，而阿里巴巴、腾讯紧随其后。

从近 10 年的统计显示，高新技术产业投资占比由 2012 年的 55.3% 增长至 2021 年的 68.7%。投资行业从软件逐步转向"硬科技"类行业。2021 年，受国内外形势影响，包括半导体在内的计算机、通信和其他电子设备制造业投资金额占比为 22.05%，居首位（表 1-1）。

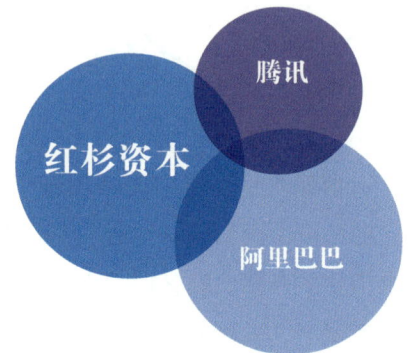

表 1-1 中国创业投资金额占比（2012—2021 年）

单位：%

行业大类	2012 年	2013 年	2014 年	2015 年	2016 年	2017 年	2018 年	2019 年	2020 年	2021 年
计算机、通信和其他电子设备制造业	9.66	9.81	21.15	21.74	4.03	3.15	8.24	13.81	17.74	22.05
生物医药	7.65	12.31	11.03	7.50	5.54	17.00	15.27	11.81	19.14	15.71
信息传输、软件和信息服务业	9.28	7.86	15.41	16.12	47.55	7.11	23.84	13.61	13.76	12.37
新能源和环保业	18.05	18.88	9.55	11.00	6.84	5.72	10.82	15.13	8.92	10.65
其他制造业	14.93	12.49	10.95	7.44	3.64	6.96	11.88	16.91	9.48	14.16
其他行业	40.43	38.65	31.91	36.20	32.40	60.06	29.95	28.73	30.96	25.06

资料来源：根据历年《中国创业投资发展报告》整理。

---

① 截至 2020 年年底，全球共有 515 家独角兽企业，总市值超过 1.64 万亿美元。

② 资料来源：北京隐形独角兽信息科技院。

融资渠道多元化，国有力量实现大转型

从融资渠道来看，中国创业投资从创建之初就具有明显的中国特色。2000年以前，内资主要以国有创投为主，约占资本总量的80%。近年来，随着行业的发展，创投资本来源日益多元化，国有创投在经历行业阵痛洗牌后，也纷纷进行股份制改革，但国有资本仍是其主要资金来源，特别是自2018年以来，市场资金持续缩紧，国有资本再次成为中流砥柱。统计显示，2021年中国创业投资资本主要来源于国有独资投资机构（24.41%）、政府引导基金（18.33%）、其他政府财政资金（5.56%），合计占比为48.30%。此外，高净值个人投资占比为8.51%，外资企业占比为2.19%，非营利性机构投资占比为0.04%（图1-2）。

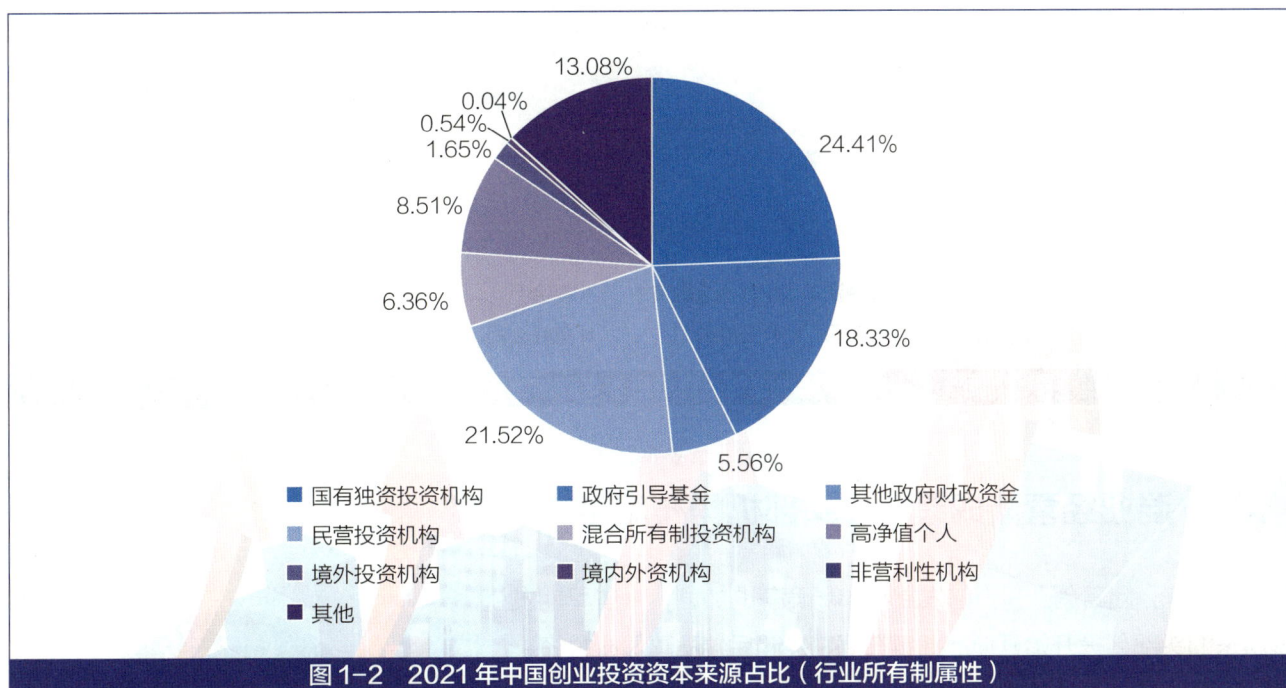

行业所有制属性

13.08%
0.04%
0.54%
1.65%
8.51%
6.36%
21.52%
24.41%
18.33%
5.56%

■ 国有独资投资机构　　■ 政府引导基金　　■ 其他政府财政资金
■ 民营投资机构　　■ 混合所有制投资机构　　■ 高净值个人
■ 境外投资机构　　■ 境内外资机构　　■ 非营利性机构
■ 其他

图 1-2　2021 年中国创业投资资本来源占比（行业所有制属性）

从中国创业投资资本的金融资本属性来看，自 2016 年资管新规实施以来，来自银行的资本大幅下滑，保险资本渐入市场。2021 年，来自银行、保险、证券等金融机构资本合计仅占 4.97%。此外，来自基金的资本占比高达 40.39%，以母基金的形式进行投资的现象更加普遍（图 1-3）。

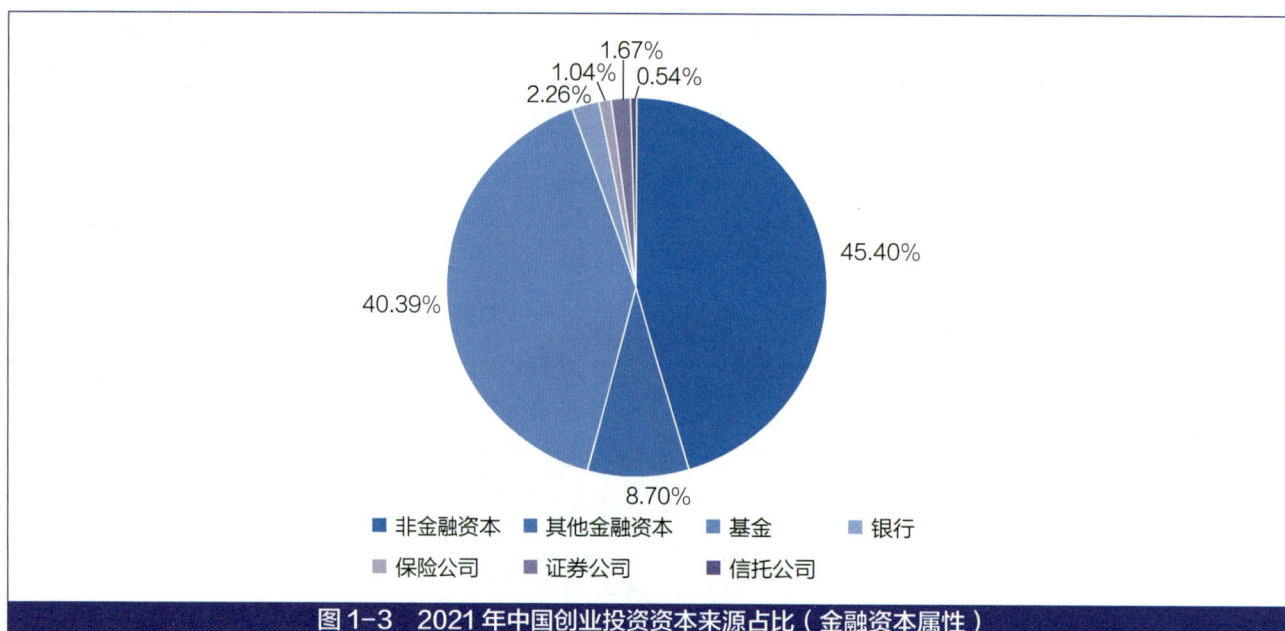

金融资本属性

图 1-3　2021 年中国创业投资资本来源占比（金融资本属性）

混业经营渐成趋势，头部机构布局全产业链

近年来，随着创业投资的发展与市场竞争的加剧，一些早期发展起来的头部创投开始延伸产业链布局，发起后端私募股权投资、并购投资等交易；另外，一些股权投资机构，开始重视长期价值投资，不断延伸前端早期投资。创业投资与私募股权投资、并购投资等业务间界限日渐模糊，混业经营成为行业发展的大势所趋。行业头部效应越发凸显，优胜劣汰加剧。2021 年，管理资本规模在 5 亿元以上的机构占比为 15.3%，掌握了行业 86.5% 的资产（图 1-4）。

混业经营

图1-4 中国不同规模创业投资机构管理资本分布（2012年、2021年）

此外，一些大型企业如腾讯、百度等，通过并购投资上下游产业，深度整合产业链（CVC）。据业内不完全统计，我国目前公司型创业投资机构约占整个创投市场规模的16%。

城市群集聚效应明显，创业投资生态不断完善

从区域布局来看，一线城市募资、投资持续活跃，集聚效应明显，创业投资生态不断完善。行业整体呈现出东部沿海和经济发达地区集中、中部地区稳步发展的态势。北京、江苏、浙江、广东已经成为中国创业投资发展的重要区域。2021年，4个地区的机构数量、管理资本额、当年投资占比合计分别占全国总量的67.4%、64.2%、64.7%（图1-5）。

图 1-5　中国创业投资地域分布情况（2021 年）

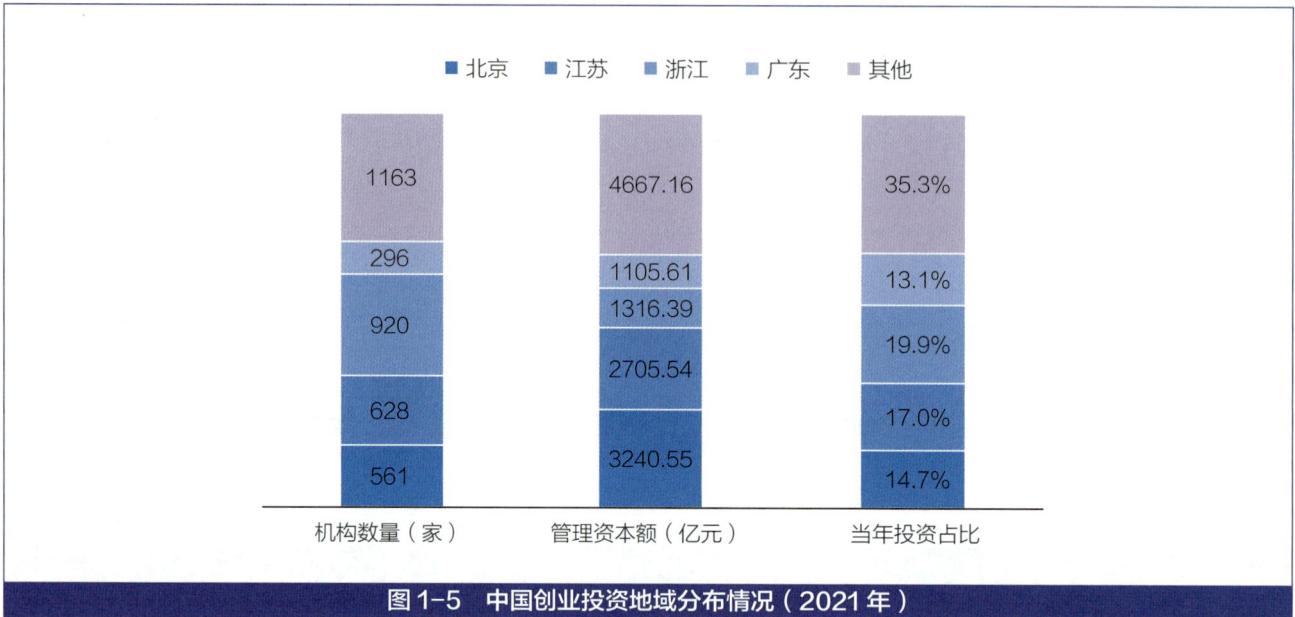

资本市场不断完善，为上市退出打开通道

　　近年来，我国资本市场建设加速完善，科创板、北交所相继开市，S 基金推出试点，中介机构职责、投资者结构、退市机制与行政执法等一整套制度体系全面铺开，为创业投资的退出提供了良好的外部环境。统计显示，2021 年，披露退出信息的创业投资项目中，31.28% 的项目通过科创板实现退出，科创板已经成为创业投资行业的重要退出渠道（表 1-2）。

表 1-2　创业投资 IPO 退出的市场分布情况（2012—2021 年）

单位：%

年份	境内主板上市	境内创业板上市	境内中小板上市	境内科创板上市	境外上市	北交所
2012	21.74	38.26	36.52	—	3.48	
2013	21.26	40.94	30.71	—	7.09	—
2014	22.33	42.72	21.36	—	13.59	
2015	48.48	28.28	16.16	—	7.07	
2016	48.51	29.70	18.81	—	2.97	
2017	31.31	15.15	48.48	—	5.05	
2018	49.60	29.60	9.60	—	11.20	
2019	51.23	28.40	12.96	1.23	6.17	
2020	42.99	24.77	9.81	18.69	3.74	—
2021	36.02	29.86	0	31.28	0	2.84

政策环境不断优化，为行业发展保驾护航

2016 年，《国务院关于促进创业投资持续健康发展的若干意见》（国发〔2016〕53 号）为行业发展指明方向。近年来，各项政策不断完善落地。

01

一是扩大公司型创业投资企业所得税试点政策范围。继 2020 年中关村试点之后，2021 年 4 月，《中共中央　国务院关于支持浦东新区高水平改革开放　打造社会主义现代化建设引领区的意见》提出，在浦东特定区域开展公司型创业投资企业所得税优惠政策试点；同时提出，适时研究在浦东依法依规开设私募股权和创业投资股权份额转让平台，推动私募股权和创业投资股权份额二级交易市场发展。

02

二是放宽创业投资基金股东减持条件，引导行业"投早""投小"。2020 年 3 月，中国证监会出台《上市公司创业投资基金股东减持股份的特别规定》（中国证券监督管理委员会公告〔2020〕17 号），对前期减持政策继续放宽，简化反向挂钩政策适用标准，鼓励行业向早前期项目投资。

03

三是促进资本市场健康发展。近年来，我国资本市场改革进程加速，注册制、科创板、北交所、新三板精选层等制度改革先后落地，拓宽了创业投资市场退出通道。

04

四是不断优化创新创业环境，营造外商投资的良好环境。当前我国面临复杂严峻的国际形势，为进一步做好外资工作，2020 年 8 月，《国务院办公厅关于进一步做好稳外贸稳外资工作的意见》（国办发〔2020〕28 号）中提出给予重点外资企业金融支持等优惠政策。同年 9 月发布的《国务院关于深化北京市新一轮服务业扩大开放综合试点建设国家服务业扩大开放综合示范区工作方案的批复》（国函〔2020〕123 号）中进一步提出，支持社会资本在北京设立并主导运营人民币国际投贷基金等政策，不断优化外商投资良好环境。

05

五是加强私募监管。为加强行业监管、引导和规范行业健康发展，中国证监会发布一系列政策。2021 年 1 月，中国证监会发布《关于加强私募投资基金监管的若干规定》，形成了私募基金管理人及从业人员等主体的"十不得"禁止性要求，进一步引导私募基金行业良性发展。

Chapter 2 第二章　科技贷款

为实施创新驱动发展战略和高水平科技自立自强，中央和地方合力推动国内银行贷款支持科技创新，支持国内科技型中小企业，促进科技成果转化和产业化。

中央政府为促进银行支持科技创新指明发展方向

继《国家中长期科学和技术发展规划纲要（2006—2020年）》及其配套政策出台后，中共中央、国务院相继提出了创新驱动发展、科技自立自强的战略目标，中央政府适时出台相应的指导意见，为推动银行发放科技贷款支持科技成果转化和产业化提供宏观指导。

2013年，《国务院关于印发"十二五"国家自主创新能力建设规划的通知》（国发〔2013〕4号）在"完善支持政策措施"中提出，要"加快建立和完善知识产权质押贷款等投融资政策"，促进金融支持企业创新和科研成果产业化，促进自主创新能力建设。

2014年，《国务院关于进一步促进资本市场健康发展的若干意见》（国发〔2014〕17号）明确指出，"完善围绕创新链需要的科技金融服务体系，创新科技金融产品和服务，促进战略性新兴产业发展"。

2015年9月，中共中央办公厅、国务院办公厅印发的《深化科技体制改革实施方案》再次明确提出，要"建立健全科技和金融结合机制，开展贷款风险补偿工作，建立知识产权质押融资市场化风险补偿机制；选择符合条件的银行业金融机构，探索试点为企业创新活动提供股权和债权相结合的融资服务方式，与创业投资、股权投资机构实现投贷联动"。

2016 年 7 月，国务院印发《"十三五"国家科技创新规划》，其中第十七章提出健全支持科技创新创业的金融体系，发挥金融创新对创新创业的重要助推作用，开发符合创新需求的金融产品和服务。

2021 年，《中华人民共和国国民经济和社会发展第十四个五年规划和 2035 年远景目标纲要》明确提出，要"完善金融支持科技创新体系，鼓励金融机构发展知识产权质押融资等科技金融产品，开展科技成果转化贷款风险补偿试点"，为今后科技金融发展指明了方向。

科技部联合金融管理部门共同推动银行开展金融创新

● 科技部联合中国人民银行、中国银保监会等金融主管部门制定政策办法，推动银行支持科技创新

2011 年，科技部联合财政部、中国人民银行、中国银监会等 7 个部门制定的《关于促进科技和金融结合加快实施自主创新战略的若干意见》中提出，"引导银行业金融机构加大对科技型中小企业的信贷支持"。

2014 年 1 月 7 日，《中国人民银行　科技部　银监会　证监会　保监会　知识产权局关于大力推进体制机制创新　扎实做好科技金融服务的意见》（银发〔2014〕9 号）对国内科技金融工作进行了全面部署。

为了弥补银行贷款支持科技创新的风险损失，《中国银监会　科技部　中国人民银行关于支持银行业金融机构加大创新力度　开展科创企业投贷联动试点的指导意见》（银监发〔2016〕14 号）中允许国内包括国家开发银行在内的 10 个银行在北京中关村、武汉东湖、上海张江、天津滨海、西安 5 个国家自主创新示范区内开展投贷联动试点，为种子期、初创期、成长期的科技创新企业提供资金支持。

2021 年 11 月 26 日，《中国银保监会关于银行业保险业支持高水平科技自立自强的指导意见》进一步完善了支持科技创新的金融体系。

●科技部联合金融主管部门在全国开展"促进科技与金融结合"试点工作

科技部先后两次选取国内部分地区，开展促进科技和金融结合试点。2011年10月20日，科技部、中国人民银行、中国银监会、中国证监会、中国保监会共同确定在中关村科技园区等16个地区首批开展促进科技和金融结合试点。

2016年，科技部和中国人民银行、中国银监会、中国证监会、中国保监会确定在郑州市、厦门市、宁波市、济南市、南昌市、贵阳市、银川市、包头市和沈阳市等9个城市开展第二批促进科技和金融结合试点。

●科技部和中国工商银行等银行机构建立合作关系

科技部先后与中国工商银行、中国银行、中国建设银行、中国农业银行、国家开发银行等大型金融机构签署支持创新驱动发展战略合作协议，深化科技金融合作，推动科技金融发展，完善金融支持创新体系。

2013年5月9日，科技部、国家开发银行决定对国家重大科学仪器设备开发专项实施企业开展科技金融服务，提高企业自主创新能力，加快培育发展我国科学仪器设备产业。

2018年3月21日，科技部与中国工商银行加强科技金融合作，双方围绕支持国家重大研发任务、高新区和科技企业高质量发展、建立特色金融机构等方面开展合作，创新金融服务模式，加大对科技创新重点领域和重要区域的金融支持，共同培育科技产业新生态。2021年8月26日，科技部与中国银行双方围绕支持国家战略科技力量、企业技术创新与科技成果转化、科技创新创业等领域开展深度合作。

2020年1月，科技部和中国邮政储蓄银行签署《科技金融战略合作协议》，建立科技金融合作机制，由科技部资源配置与管理司和中国邮政储蓄银行总行小企业金融部负责具体联系和工作协调。

地方政府提供专项资金推动银行贷款支持科技创新

以参与"促进科技与金融结合试点"的地区为主，地方政府部门拿出专门的财政资金，采用贷款贴息、风险补偿和业务补助的方式，鼓励银行发放贷款，支持地区内的科技型中小企业。

北京

北京市科委拿出 2000 万元财政专项资金，采用贷款贴息、风险补偿和业务补助的方式来激励市内银行贷款支持科技创新，对发放科技贷款的银行给予风险补偿和业务补助，对提供担保的担保机构给予业务补助。

郑州

郑州市拿出 5000 万元财政专项资金，设立科技贷款风险补偿准备金，对参与科技贷款业务的金融机构所发生的损失给予 80% 的补偿，市财政、县（市、区）财政按照 1∶1 的比例进行风险共担，着力解决科技型企业贷款难的问题。银行发放科技信贷规模大幅增加。2017 年，郑州市获银行"科技贷"支持的企业有 32 家，贷款额达 1.57 亿元。

济南

2017 年，济南市科技局联合财政局，修订出台了《关于印发〈济南市科技金融风险补偿金管理办法〉的通知》（济科发〔2017〕55 号），提出财政出资设立银行贷款风险补偿金，建立省、市联动的科技贷款风险补偿机制，省科技合作银行针对济南市在山东省科技型中小微企业信息库入库企业开展科技成果转化风险补偿金贷款业务，省、市、银行共担风险，省级、市级各自承担风险比例为 35%，而银行承担风险比例为 30%，推动银行贷款支持科技型中小企业。

青岛

青岛市科技局、担保公司和青岛银行按 4∶4∶2 比例出资，共同组建 1000 万元的"青岛市科技信贷风险准备金池"，专项用于为青岛市科技型中小企业在该行的授信融资业务提供风险补偿，最大可按照准备金池的 10 倍发放授信。

银行开展多种形式的金融创新

在科技部、中国银监会等部门的联合推动下，国内银行通过金融产品创新、机构创新和机制创新，为科技型中小企业提供多种形式的信贷产品，有效缓解了这些企业的贷款融资难问题，促进了企业快速成长。

开展以专利、商标等轻资产质押的知识产权质押贷款

在《银监会关于支持商业银行进一步改进小企业金融服务的通知》（银监发〔2011〕59号）、《中国银保监会　国家知识产权局　国家版权局关于进一步加强知识产权质押融资工作的通知》（银保监发〔2019〕34号）指导下，针对科技型中小企业固定资产缺乏、拥有专利等轻资产较多的特点，银行开展以专利为核心的知识产权质押贷款，缓解企业在快速成长阶段融资难的问题。例如，北京银行"智权贷"、中国建设银行北京中关村分行"知贷通"、交通银行北京市分行"展业通"、杭州银行北京中关村支行"知产贷"都是知识产权质押贷款产品。交通银行北京市分行的"视融通"提供影视版权供应链融资服务。贵阳银行开发出多种适合不同类型企业的知识产权系列贷款产品，包括商标贷、专利贷、软件贷、旅文贷等。

成立科技支行等专营机构

在《中国银监会关于银行建立小企业金融服务专营机构的指导意见》（银监发〔2008〕82号）指导下，银行积极与地方科技部门（国家高新区）合作，建立一批主要为科技型中小企业提供信贷等金融服务的、符合我国国情的专门机构，提高对中小企业的服务效率。

服务科技型中小企业的专营机构	科技支行是银行最早成立的专门服务于科技型中小企业的专营机构。2009年1月11日，成都高新区设立了全国首批两家科技支行——成都银行科技支行和中国建设银行成都科技支行。目前，北京、上海、天津、江苏、浙江、广东、湖北、湖南、贵州、河南等地的银行相继成立多家科技支行，其中北京、江苏等地的科技支行数量较多。
开展科技金融业务的内部部门	为了提高银行应对科技型中小企业信贷业务的能力，很多银行在内部成立了专门开展科技金融业务的部门，专门负责科技型中小企业的产品研发、信贷业务审批和贷后监管工作。这种内部部门名称并不一致：有的机构称其为"科技金融部"，单独处理行内的科技金融业务，如中国建设银行北京分行设立科技金融部，内设3名专职员工；也有机构称其为"小企业金融部"，专门处理小企业的信贷业务，把科技型中小企业纳入小企业范畴，如北京银行中关村海淀园支行设立中小企业事业部，职工24名；还有机构称其为"小企业服务中心"，如中国工商银行设立了北京中关村小企业中心，处理全行科技型中小企业信贷业务。

◔● 与创业投资机构合作开展投贷联动

鉴于创业投资机构在识别和选择早期阶段的高科技企业上具有明显优势，很多银行都选择和创业投资机构合作，建立投贷联盟，采取"先投后贷""先贷后投"等方式支持科技型企业融资。

科技创投贷 科技创投贷是上海市发展改革委、上海市科委委托上海市科技创业中心与相关金融机构合作开发，针对科技型中小微企业投贷联动的银行信贷产品。该产品贷款对象是被上海市创业投资引导基金和上海市天使投资引导基金投资的子基金参股投资的科技型中小微企业。单户贷款最高额度不超过 1000 万元；天使基金参股投资的企业，最高不超过 300 万元，期限最长不超过 24 个月。

PE 模式 中国光大银行的 PE 模式，即中国光大银行通过与国家级高新技术产业园搭建融资合作平台，为区内企业发放股权按揭贷款，由指定 PE 或 VC 在企业上市后行使认股权，并由园区政府提供认股权贷款风险补偿的融资模式。

Chapter 3 第三章 科技保险

科技保险是利用保险功能和资金优势，为科技企业研发、成果转化和产业化活动提供风险保障、资金融通等服务，是分散科技创新风险的重要科技金融工具。

分散科技创新风险

当前，随着科技创新的不断深化，科技型企业在科技创新过程中遇到的风险日趋复杂，科技保险作为分散科技创新过程中风险的重要手段，也在不断创新、迭代，在科技型企业研发、生产、人员等多个方面，为科技型企业发展撑起保护伞，为促进创新驱动发展战略的实施保驾护航。数据显示，保险行业每年通过首台（套）重大技术装备保险为高新技术企业提供约 1200 亿元的风险保障，通过重点新材料首批次应用保险为高新技术企业提供约 150 亿元的风险保障，而知识产权保险业务在 2021 年为 5000 余家企业提供了 241 亿元的风险保障。

推动保险企业能力升维和保险生态建设

保险业正从高速增长向高质量发展转型，人工智能、区块链、物联网、大数据等创新科技在保险行业的综合运用更加广泛，科技保险已经成为保险企业能力升维和保险生态建设的重要推动力量。自2020 年以来，多项促进保险与科技双向赋能的政策先后发布，新技术、新模式、新业态加速与保险业融合，合力改变并重塑保险全价值链，"保险＋科技"协同创新发展的趋势更为明朗（图 3-1）。

2006 年	2007 年	2008 年	2010 年	2018 年	2020 年	2021 年	2022 年
科技部与中国保监会联合下发《关于加强和改善对高新技术企业保险服务有关问题的通知》，提出大力推动科技保险创新发展，逐步建立高新技术企业创新产品研发、科技成果转让的保险保障机制。	科技部和中国保监会与北京市、天津市、重庆市、深圳市、武汉市、苏州高新区分别签署了《科技保险创新试点合作备忘录》，上述五市一区正式成为我国第一批科技保险创新试点城市（区）。	上海市、成都市、沈阳市、无锡市及西安高新区、合肥高新区被批准成为第二批试点城市（区）。	科技部与中国保监会联合发布《关于进一步做好科技保险有关工作的通知》，科技保险进一步扩围。	中国保监会批复同意太平科技保险股份有限公司开业，是我国首家也是目前唯一一家科技保险公司。	首个国家级科技保险创新示范区获批建设，保险与科技产业加速融合。	中国银保监会下发《中国银保监会关于银行业保险业支持高水平科技自立自强的指导意见》，强化科技保险服务。	中国银保监会与上海市人民政府联合印发《中国（上海）自由贸易试验区临港新片区科技保险创新引领区工作方案》，启动科技保险创新引领区建设。

图 3-1　我国科技保险发展历程

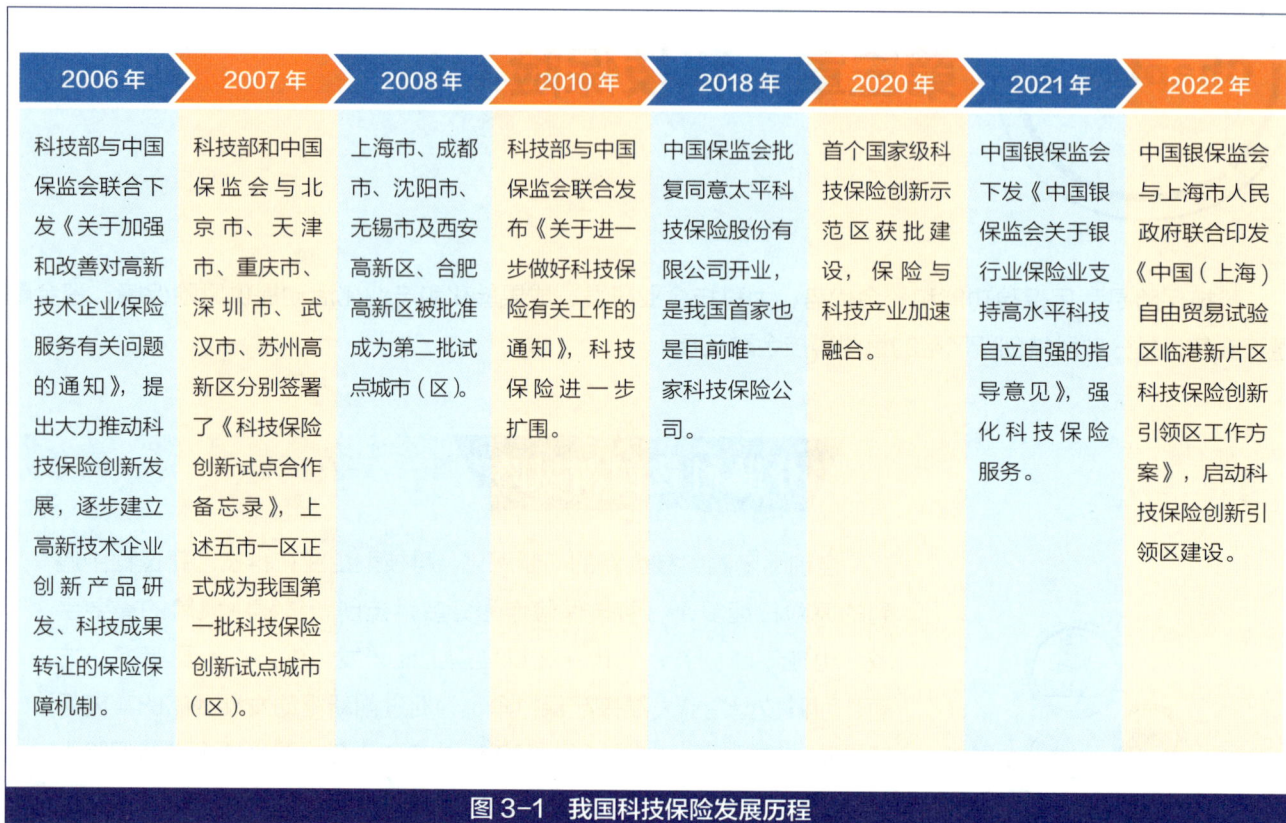

政策体系持续完善

　　自《国家中长期科学和技术发展规划纲要（2006—2020 年）》和《国务院关于保险业改革发展的若干意见》（国发〔2006〕23 号）出台以来，科技部、中国银保监会、财政部采取大量措施以推动科技保险的发展（表 3-1）。

表 3-1 中央主要科技保险政策

年份	名称	要点
2007	《关于确定第一批科技保险创新试点城市的通知》	确定重庆市、天津市、北京市、武汉市、深圳市和苏州国家高新区为第一批科技保险创新试点城市（区）
2008	《科学技术部、中国保监会关于确定成都市等第二批科技保险创新试点城市（区）的通知》	确定成都市、上海市、沈阳市、无锡市和西安国家高新区、合肥国家高新区为第二批科技保险创新试点城市（区）
2010	《关于进一步做好科技保险有关工作的通知》	鼓励保险公司开展科技保险业务，支持保险公司创新科技保险产品，进一步完善出口信用保险功能，加大对科技人员保险服务力度，提高保险中介机构服务质量，实施科技保险有关支持政策，创新科技风险分担机制，探索保险资金支持科技发展新方式
2015	《关于开展首台（套）重大技术装备保险补偿机制试点工作的通知》	决定建立首台（套）重大技术装备保险补偿机制并开展试点
2019	《中国银保监会关于推动银行业和保险业高质量发展的指导意见》	鼓励保险机构创新发展科技保险，推进首台（套）重大技术装备保险和新材料首批次应用保险补偿机制试点。支持保险资金、符合条件的资产管理产品投资面向科技企业的创业投资基金、股权投资基金等，拓宽科技企业融资渠道
2021	《中国银保监会关于银行业保险业支持高水平科技自立自强的指导意见》	鼓励保险机构完善科技保险产品体系，形成覆盖科技企业研发、生产、销售等各环节的保险保障，加大科研物资设备和科研成果质量的保障力度。依托再保险服务体系，为科技保险有效分散风险。鼓励保险经纪机构积极发展科技保险相关业务。 支持开展首台（套）重大技术装备保险试点和新材料首批次应用保险试点，以及有条件的地区探索开办首版次软件保险。鼓励保险公司为科技企业提供综合性保险解决方案，通过承保大型商业保险和统括保单等方式，更好地服务大型科技企业保险需求。丰富知识产权保险业务品种，为科技企业提供知识产权执行保险、知识产权侵权责任保险、知识产权被侵权损失保险等服务

中国科技金融生态年度报告 2022
The Annual Report on the Eco-System of
Science and Technology Finance in China 2022

产品服务逐步丰富

2006 年，科技部与中国保监会联合下发《关于加强和改善对高新技术企业保险服务有关问题的通知》，科技保险发展全面启动了我国科技保险的试点工作，首批享受国家税务优惠政策的险种包括高新技术企业产品研发责任保险、关键研发设备保险、营业中断保险、出口信用保险、高管人员及关键研发人员团体健康保险和意外保险 6 个险种。近年来，保险业在科技保险产品方面的创新成果不断涌现。据不完全统计，目前我国科技保险品种超过 20 个，覆盖科技企业产品研发、知识产权保护、贷款保证等多个方面，助力提高科技企业的风险保障水平（表 3-2）。

表 3-2　当前市场主要科技保险产品

险种类别	险种名称
成果研发类	产品研发责任保险
	产品责任保险
	产品质量保证保险
成果转化应用类	科技成果转化费用损失保险（揭榜挂帅攻关险）
	首台（套）重大技术装备保险
	新材料首批次应用保险
	首版次高端软件研发及推广应用保险
经营环境类	关键研发设备保险
	营业中断保险
	企业财产保险（包括基本险、一切险和综合险）
	项目投资损失保险
	知识产权保险
员工保障类	董事会监事会高级管理人员责任保险
	高管人员及关键研发人员团体健康保险
	高管人员及关键研发人员团体意外保险
	雇主责任保险

续表

险种类别	险种名称
社会责任类	出口信用保险
	企业信用保险
	环境污染责任保险
	小额贷款保证保险

资料来源：根据网络公开资料整理。

以知识产权保险为例，中国人民财产保险股份有限公司（简称"人保财险"）按照"政府引导、商业主导、专业运作"的工作模式，建立涵盖专利／商标被侵权、专利执行、侵犯专利权责任等的知识产权保险产品体系，提高知识产权成果转化效率，激发科技创新原动力。2021年，人保财险的知识产权保险为6341家企业的专利、商标、地理标志等提供了逾29亿元的风险保障。

中国人保粤港澳大湾区知识产权保险中心

2021年10月27日，全国首个知识产权保险中心——中国人保粤港澳大湾区知识产权保险中心在广州黄埔区、广州开发区正式揭牌成立，目前已推出一系列知识产权保险，为企业提供从知识产权申请、防御、执行、被侵权损失、质押融资等全方位覆盖的风险保障产品，覆盖电子通信、生物医药、人工智能、新材料、新能源汽车、高端装备制造等多领域。

◯ 试点项目稳步推进

武汉获批设立首个国家级科技保险创新示范区

2020 年 9 月，武汉东湖科技保险创新示范区获批建立，随后展开一系列对科技保险品种的深入探索。2022 年，武汉东湖科技保险发展促进中心（简称"科保中心"）成员单位——人保财险和平安产险分别在全国范围内首次推出"环保装备产品质量安全责任保险"和"植物新品种权侵权损失补偿保险"，并成功落户武汉东湖科技保险创新示范区。这不仅是科技保险支持科技型企业创新发展的一次实践，同时也是科技保险助力实现"双碳"目标和促进农业发展的新探索。

北京积极开展知识产权保险试点工作

2020 年，北京开始实施为期 3 年的知识产权保险试点工作，险种涉及专利执行保险及专利被侵权损失保险。北京市知识产权局相关数据显示，试点两年来，北京市已有 20 家制造业单项冠军企业和 312 家重点领域中小微企业，为 20 余个重点产业的 3366 件专利投保，共获得补贴保费 3800 万元，保障金额达 33 亿元。值得注意的是，2022 年北京知识产权保险试点的承保公司在原有人保财险的基础上增加了太保产险，承保公司由"1"到"2"的变化，是知识产权保险"北京模式"的升级，也意味着我国知识产权保险由"政府主导"逐步开始向"市场化"迈进。

苏州高新区创建国家级科技保险园区

2013 年 6 月，"保险与科技结合"综合创新试点落地苏州；2021 年，苏州市银保监分局推动高新区管委会进一步出台《苏州高新区打造"保险＋科技高地"三年行动计划（2021—2023 年）》，明确了 2021—2023 年的目标和主要任务。苏州市科技局联合财政局、苏州市银保监分局建立并优化科技保险费专项财政补贴政策，将研发责任保险、关键研发设备保险等 13 类科技保险品种纳入市级科技金融支持范畴，给予保费补贴，引导科技型中小微企业投保缓释研发经营风险。

上海市打造科技保险创新发展"样板间"

2022 年 7 月 21 日，中国银保监会与上海市人民政府联合发布《中国（上海）自由贸易试验区临港新片区科技保险创新引领区工作方案》(简称《工作方案》)，决定在临港新片区建设科技保险创新引领区。《工作方案》提出，支持保险资金以债权、股权投资计划等方式参与临港新片区集成电路等八大前沿制造业重大产业项目和重点科技企业的投融资，助力打造千亿级产业集群。支持保险资金按市场化原则参与片区基础设施等项目，助力现代化新城建设。同时，加大片区内网络安全保险普及力度。2021 年，上海保险业通过首台（套）保险、生物医药保险、专利保险、科技贷保险等科技类保险产品，累计为社会提供风险保障近 900 亿元。

合作模式不断创新

苏州"投保贷"一体化运作模式

作为首批科技保险试点地区，苏州高新区不断探索科技金融融合发展，搭建起政府资金与社会资金、产业资本与金融资本有机结合的科技保险服务体系，为科技创新提供安全之盾。2015 年在全国率先开展"投保贷"联动，由苏州地方国有创投企业与人保资本共同出资 5 亿元设立全国首支科技保险创业投资基金，通过政策性资金引导保险资本投入，并引入信贷风险补偿专项资金的风险分担机制，融合债权、股权、保险 3 项金融工具，向科技型企业发放保证保险承担风险的科技贷款，实现保险资本直接支持科技型中小企业，累计投资创新项目 100 余个。

中国集成电路共保体

中国集成电路共保体（简称"集共体"）于 2021 年 10 月在上海自由贸易试验区临港新片区成立，由 18 家国内财产保险公司和再保险公司组建。"集共体"通过产品、机制和服务创新，探索服务集成电路全产业链的新型风险保障需求，助力构建我国集成电路自主、安全、可控的产业链和供应链，仅 2021 年已为承保客户提供 5900 亿元的风险保障。同时，临港新片区形成了以"集共体"为核心，政府支持、产业认同、行业齐心的集成电路保险"生态圈"，逐步提升我国集成电路保险的独立性和可持续性。

科技助力保险发展

　　近年来，在《保险科技"十四五"发展规划》《中国银保监会办公厅关于银行业保险业数字化转型的指导意见》《中国银保监会关于印发保险业标准化"十四五"规划的通知》等一系列规划意见的指导下，以科技赋能保险，探索数字化转型已成为必然路径。传统保险公司、初创保险企业、非保险企业及政府／监管机构发挥自身优势，主动布局保险科技研究、应用及制度优化，并推动多方合作。传统保险公司在现有保险业务流程基础上应用新科技，如精准营销、移动理赔等，同时开拓端到端的崭新业务模式，如基于用量的保险（UBI）、健康管理服务等；初创保险企业则积极开发新的业务模式，如 P2P 保险，也在传统保险之外提供新产品以充分满足用户需求；非保险企业通过提供软硬件设备支持、系统级平台设计、数据分析等服务与保险公司开展合作；政府／监管机构在优化现有监管制度的同时与企业保持密切联系，加强多方合作，促进保险科技健康发展。

Chapter 4 第四章 资本市场

资本市场支撑科技企业股票融资规模增长

近 10 年来，资本市场为企业提供了重要的融资渠道，市场规模不断扩张，板块分化明显，科技创新企业在资本市场上市的数量快速增长。

01 一是证券市场更加多样化，市场融资功能增强。近 10 年来，资本市场更加注重对科技创新企业的融资服务，在股票融资方面表现突出。自 2021 年起，企业不仅能够在上海证券交易所和深圳证券交易所（简称"上交所"和"深交所"）发行股票融资，还可以在新设立的北京证券交易所（简称"北交所"）发行股票融资，实现了中国资本市场的重大突破。相对于上交所和深交所而言，北交所主要服务于"专精特新"小企业，具有显著的科技创新属性。实际上，在北交所设立之前，全国中小企业股份转让系统（简称"新三板"）也建立了企业面向不特定合格投资者公开发行股票融资的机制，但是新三板更多的是股票融资，属于定向融资。而各地方区域股权交易市场及挂牌企业虽然数量众多，但是整体上为企业提供的融资服务功能较为单一。

02 二是上市公司数量增加，科技创新板块占比提升。数据显示，上市公司数从 2012 年的 2494 家增长到 2021 年的 4798 家，增长了近 1 倍（图 4-1）。但是分板块看，科技创新类板块的增速更加明显。2012 年，仅深交所创业板具有明显的科技创新特征，当年年底上市公司数为 355 家，占上市公司总数的比重为 14.23%；到 2021 年年底，创业板上市公司达到 1090 家，而设立于 2019 年的上交所科创板已有上市公司 377 家，设立于 2021 年的北交所上市公司有 82 家，3 个市场具有显著科技创新特征的板块共有上市公司 1549 家，占上市公司总数的比重达到了 32.28%，较 2012 年提高了约 18 个百分点。

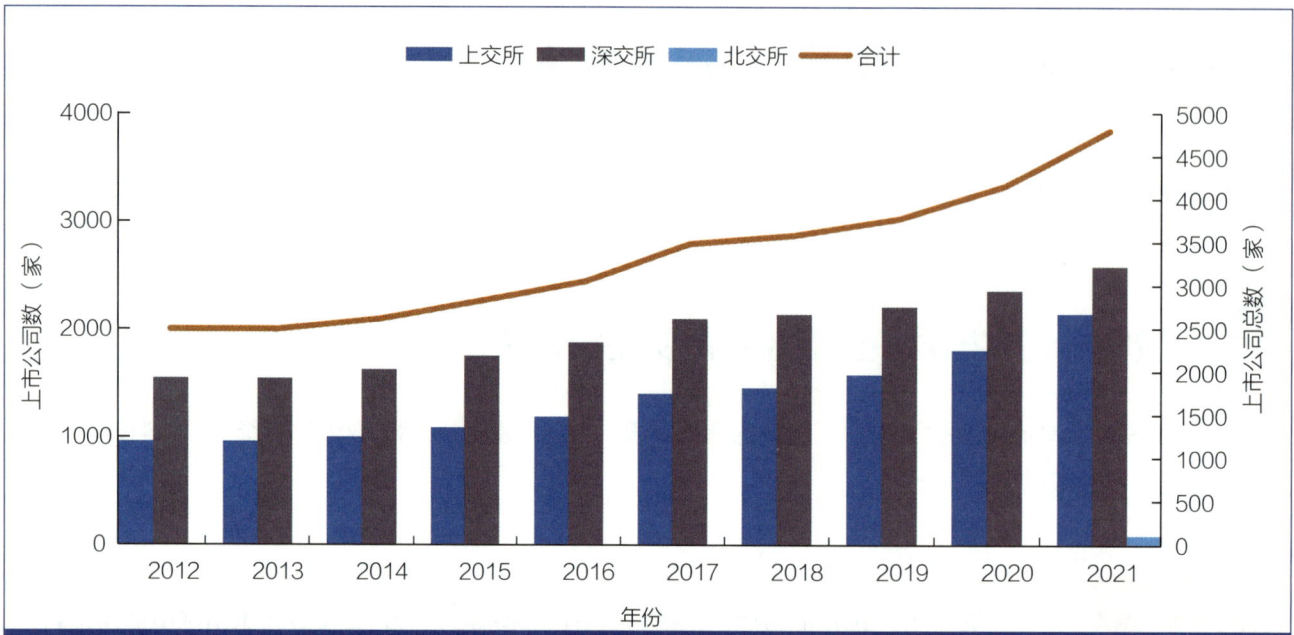

图 4-1　我国上市公司数（2012—2021 年）

（资料来源：各证券交易所统计数据，2021 年上交所数据为 Choice 客户端上交所上市 A 股股票总数，同时包括 A 股和 B 股的公司数）

03　　三是股票集资金额波动增长，创新创业融资企稳。从企业通过资本市场发行股票进行融资的变化趋势看，近 10 年来，我国企业股票集资金额出现了较大波动，但是总体上呈增长趋势，从 2012 年的 4917.31 亿元增长到 2021 年的 16 166.72 亿元。从融资总规模看，2012—2014 年，融资总金额增长不多，其中 2013 年出现了小幅下降；2015 年大幅增长，并在接下来的 3 年内维持在较高的水平，其中 2016 年达到最高的 18 674.83 亿元；2018 年以来，则是稳定增长；10 年来累计股票集资金额超过 12 万亿元（图 4-2）。分板块看股票集资金额发现，各板块股票集资金额均有较大波动，但是科技创新企业的股票集资金额比重显著增加。以深交所为例，创业板企业股票集资金额占比虽有波动，但总体上呈现增长趋势，其中 2021 年达到了 18.27%，是 2012 年的 2 倍多。

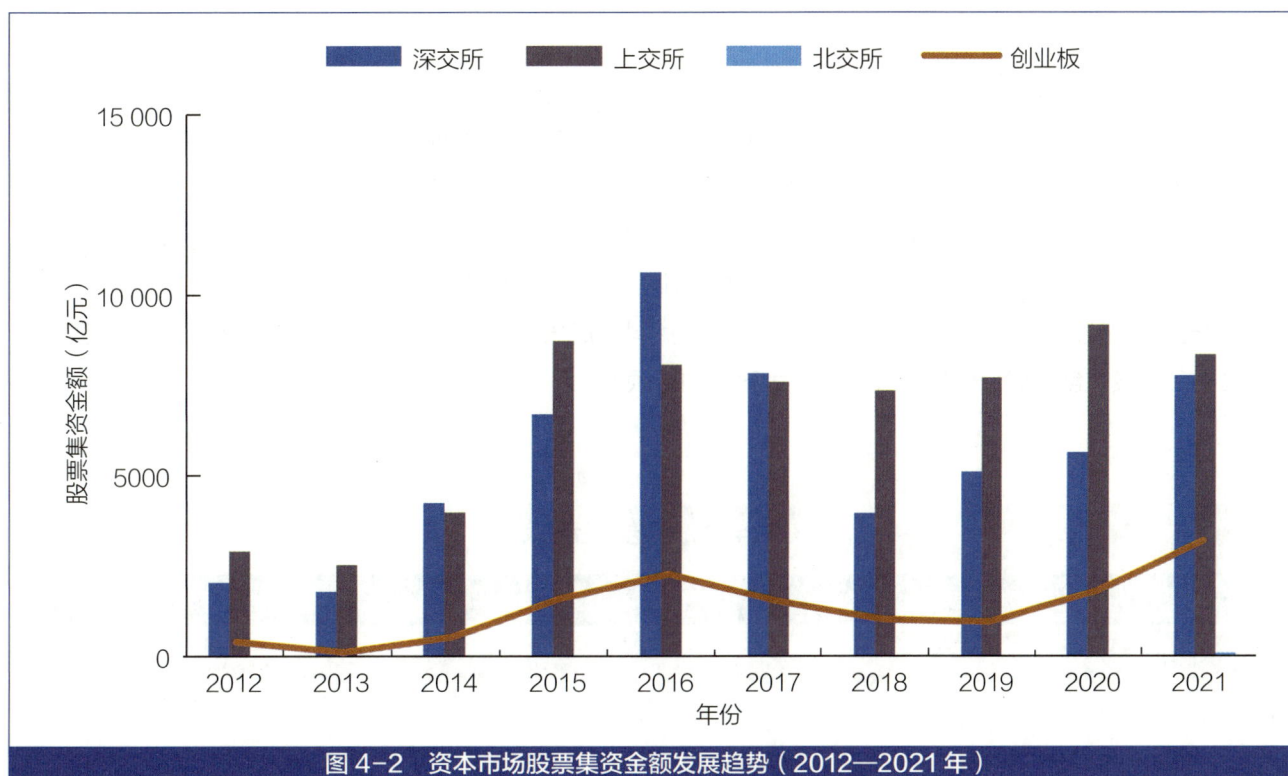

图 4-2 资本市场股票集资金额发展趋势（2012—2021 年）

（资料来源：根据交易所公布数据整理）

债券市场产品创新满足科技企业多样化融资需求

作为直接融资的重要手段，我国企业发行债券融资规模不断增加。债券发行总量稳定增长，债券种类日益丰富，成为企业重要的融资手段。

债券融资规模快速增长

数据显示，近 10 年来，我国债券融资规模实现了快速增长，2012 年全国债券发行总量为 8.58 万亿元，2021 年发行总量突破 40 万亿元大关；10 年累计债券融资额超过 210 万亿元。虽然政府债券及政府支持机构债券、央行票据和金融债券仍然占据主要地位，但是企业债券也实现了较快增长。

●● 债券产品创新支持科技企业

近 10 年来，债券市场产品创新为企业，特别是为科技创新企业融资提供了更多选择。自 20 世纪 80 年代我国发行债券以来，债券产品创新进程日益加快，近 10 年面向企业的债券产品类型更加丰富，如中小企业私募债（2012 年）、绿色企业债（2016 年）、"双创"公司债（2016 年）等，而 2021 年则推出了碳中和债券、科技持续发展挂钩债券、科技创新债券等多个面向科技创新的债券（表 4-1）。此外，政府债和金融债也推出了一些面向科技创新的债券新品种，如绿色金融债、小微企业专项金融债券。2021 年，国家开发银行与科技部联合推出了科技成果转化专题债，专门用于支持重大科技成果产业化示范工程、"百城百园"行动、国家重大能力平台建设、创新联合体建设等 4 个重大科技创新领域。

表 4-1 债券产品创新

年份	政府信用债券	金融债券	企业信用债券
1981	国债		
1984			企业债
1985		特种贷款金融债	
1989			短期融资券
1992			城投债
1994		政策性金融债	
1996	贴现国债；央行融资券	特种金融债	
2001		非银行金融机构债	
2002	央行票据		
2003		境内美元债	中小企业集合债
2004	凭证式国债（电子记账）	商业银行次级债；证券公司短期融资券	
2005		商业银行普通债；国际机构债（熊猫债）	信贷资产支持证券；企业资产支持证券
2006	储蓄国债		可转债

续表

年份	政府信用债券	金融债券	企业信用债券
2007	特别国债		公司债
2008			可交换债； 中期票据
2009	地方政府债		中小企业集合票据
2010	政府支持机构债		企业资产支持票据
2011			非公开定向债务融资工具
2012			中小企业私募债
2013			可续期债券
2014		证券公司短期公司债券； 保险公司次级债； 三农专项金融债	永续中期票据； 项目收益债； 项目收益票据
2015	定向承销地方政府债	专项金融债	非公开发行的项目收益债券
2016	自贸区发行的地方政府债	绿色金融债； SDR 计价债券； 扶贫专项金融债； ESG 主题债券	绿色企业债； 绿色资产支持证券； "双创"公司债； 项目集合企业债券； ESG 主题债券
2017	地方政府专项债券创新品种		企业债券的专项债券品种； 市场化债转股专项企业债券
2018	跨市场交易铁道债		PPP 项目专项债券； "一带一路"债券； 优质企业债券
2019		无固定期限资本债券； "债券通"绿色金融债	
2020	"抗疫"特别国债	"抗疫"主题金融债	"疫情防控"主题的公司债、债务融资工具、资产支持证券

续表

年份	政府信用债券	金融债券	企业信用债券
2021		转股型资本债券； 小微企业专项金融债券	碳中和债券； 社会责任债券； 可持续发展债券； 可持续发展挂钩债券； 科技持续发展挂钩债券； 科技创新债券； 高成长债券

资料来源：《中国债券市场概览（2021 年版）》。

制度改革拓宽科技企业融资渠道

丰富板块提供差异化服务

我国自设立资本市场以来，市场板块逐步丰富。自 2009 年深交所设立创业板以来，资本市场通过场外市场建设及场内市场板块设立实现了更加多元化的服务。2012 年，中关村国家自主创新示范区的非上市股份公司股份转让试点向上海张江、武汉东湖及天津滨海 3 个自主创新示范区推广。2013 年，全国中小企业股份转让系统正式成立。2016 年又进行分层管理，创新层的推出为后来的很多改革提供了基础。2019 年，上交所推出科创板，主要服务符合国家战略、突破关键核心技术、市场认可度高的科技创新企业。2021 年，我国设立北交所，重点向具有"专精特新"特点的创新型中小企业提供直接融资服务。

● 制度变革促进市场健康发展

关于完善融资服务，2016 年，资本市场取消"新股认购预缴款"制度，新股发行对市场资金的稀释效应被严格控制在既定范围内，有效减轻了市场资金压力。2018 年，新三板推进分层和交易制度改革，完善差异化的发行、信息披露等制度，并推动公募基金等机构投资者进入新三板，公募基金进入新三板促进了新三板资本链条的进一步完善，有利于进一步增加资金供给，降低新三板挂牌企业融资成本，同时为各类股权资金良性循环提供保障，有效激活新三板挂牌企业股权交易积极性，增强市场流动性。2019 年，中国证监会发布上市公司重组新规，为创业板借壳上市提供了法律依据；同年，上交所设立科创板并首次采用注册制发行股票，随后创业板也进行了注册制改革，实现了发行制度的根本变革。不仅股票市场注册制发行顺利推动，债券市场注册制发行改革也深入发展，2020 年，信用债券注册制改革实施，中国证监会、国家发展改革委分别印发通知，落实《证券法》有关内容，全面实施公司债和企业债发行注册制。

2016 年，创业板首次"强制股票退市"以促进上市公司良性发展。2018—2019 年，中国证监会推动区域股权市场规范化建设，分批次公布区域性股权市场运营机构备案名单。2020 年年底，在"建立常态化退市机制"背景下，沪深两市推出退市新规，进一步完善了退市方式和退市条件。

● 产品创新满足科技创新企业差异化需求

2018 年，深交所推出全国首单公共人才租赁住房类 REITs，资本市场通过创新金融产品引入资本力量，助力人才住房建设，对于当前我国各地房价高企阻碍人才投身创新创业而言具有重要意义。2019 年，伴随着科创板建设，上交所开展创新企业境内发行股票或存托凭证试点。

2016 年，全国中小企业股份转让系统推出非公开发行优先股服务，进一步拓宽企业融资渠道。截至 2021 年，累计发行优先股 42 次，企业通过非公开发行优先股融资总额超过 30 亿元。部分区域股权交易市场开发新的服务模式，提升企业服务质量，如北京股权交易中心启动互联网技术支撑的"粉单计划"，在网站发布挂牌企业信息，提高融资效率。

专题篇

Chapter 5 第五章 科技创新税收政策

党的十八大以来，我国创新驱动发展战略有力实施，以企业为主体、市场为导向、产学研深度融合的技术创新体系加速构建。财政科技投入的功能逐渐由科技创新"资源分配"向"资源协调"转变。税收政策作为重要手段之一，支持科技创新的税收政策体系逐步建立。

科技创新税收政策覆盖主要创新主体与创新环节

党的十八大以来，我国着重以结构性减税推进税制优化，近几年又加快了税制改革步伐，科技创新成为最受益的领域之一，一系列科技创新税收优惠政策相继发布实施，基本覆盖了主要创新主体和创新链主要环节。

1 鼓励技术创新企业的税收优惠政策。主要包括支持高新技术企业、集成电路企业、软件企业、技术先进型企业、动漫企业等科技型企业发展的企业所得税税率优惠，对科技型中小企业延长亏损结转年限。

2 激励技术创新活动的税收优惠政策。主要包括鼓励研发投入的研发费用加计扣除优惠，促进技术交易的增值税免税（非企业单位可选择简易征收）与企业所得税减免优惠，支持科技成果转移转化的技术入股递延纳税优惠等。

3 引导科技创新投资的税收优惠政策。主要包括针对各类投资主体的创业投资与天使投资合格投资额的 70% 在企业所得税或个人所得税税前扣除优惠，符合条件的研发用仪器设备一次性摊销或加速折旧优惠，高等学校、科研院所进口国内不能生产或性能不能满足需要的研发用品进口税收免征增值税和关税。

4 奖励科技创新人才的税收优惠政策。主要包括对非营利性高等学校、科研机构等单位的科技人员因职务科技成果而获得的现金奖励减半计征个人所得税，非上市企业对科技人员的股权激励个人所得税递延纳税等。

5 支持孵化服务的税收优惠政策。主要包括对符合条件的科技企业孵化器、大学科技园和众创空间为孵化企业提供的房产和土地免征房产税和城镇土地使用税，孵化服务收入免征增值税。

试点先行为科技创新税收政策完善积累经验

10 年来，我国支持创新创业的税收政策体系不断完善，新政策频出，其中很多由国家自主创新示范区推广至全国或以国家自主创新示范区试点经验为依据重新制定后全国实施（表 5-1）。

试点政策呈现出以下特点。

1 一是提高了政策的普惠性，使更多创新主体和创新行为获得税收激励。5 年以上非独占许可使用权技术转让所得税优惠政策、研发费用加计扣除政策、有限合伙制创业投资企业法人合伙人 70% 投资额税前抵扣政策都是对原有税收优惠政策的完善或修订，分别将 5 年以上非独占许可使用权转让行为、更多研发费用、有限合伙制创业投资企业法人合伙人纳入优惠范围，旨在提高政策的普惠性和公平性，更加符合有关创新行为规律。

2 二是重点支持中小科技企业。转增股本分期缴纳个人所得税政策、对初创科技型企业合格投资额的 70% 税前抵扣政策支持中小科技企业发展和融资。

3 三是注重激励科技企业培养、稳定和吸引创新人才。职工教育经费 8% 税前扣除政策、股权激励和技术入股递延纳税政策都属于此方面的新政策。

表 5-1 由国家自主创新示范区推广的支持创新的税收政策概览

序号	政策名称	政策依据	优惠对象	试点时间	推广时间
1	5 年以上非独占许可使用权技术转让所得税优惠政策	《财政部 国家税务总局关于将国家自主创新示范区有关税收试点政策推广到全国范围实施的通知》（财税〔2015〕116 号）、《国家税务总局关于许可使用权技术转让所得企业所得税有关问题的公告》（国家税务总局公告 2015 年第 82 号）	居民企业	2013 年在中关村国家自主创新示范区进行试点	2015 年 10 月 1 日
2	研发费用加计扣除政策	《财政部 国家税务总局 科技部关于完善研究开发费用税前加计扣除政策的通知》（财税〔2015〕119 号）、《国家税务总局关于企业研究开发费用税前加计扣除政策有关问题的公告》（国家税收总局公告 2015 年第 97 号）	居民企业	中关村在 2010 年开始试点将研发人员"五险一金"等费用纳入研发费用加计扣除范围	2016 年 1 月 1 日

序号	政策名称	政策依据	优惠对象	试点时间	推广时间
3	转增股本分期缴纳个人所得税政策	《财政部　国家税务总局关于将国家自主创新示范区有关税收试点政策推广到全国范围实施的通知》（财税〔2015〕116号）、《国家税务总局关于股权奖励和转增股本个人所得税征管问题的公告》（国家税务总局公告2015年第80号）	非上市中小高新技术企业	2013年起在中关村国家自主创新示范区进行试点	2016年1月1日
4	股权激励和技术入股递延纳税政策	《财政部　国家税务总局关于完善股权激励和技术入股有关所得税政策的通知》（财税〔2016〕101号）、《国家税务总局关于股权激励和技术入股所得税征管问题的公告》（国家税务总局公告2016年第62号）	①非上市公司；②以技术入股的个人和企业	充分吸收在中关村国家自主创新示范区试点的股权奖励分期和递延纳税经验后在全国发布实施	2016年9月1日
5	有限合伙制创业投资企业法人合伙人70%投资额税前抵扣政策	《财政部　国家税务总局关于将国家自主创新示范区有关税收试点政策推广到全国范围实施的通知》（财税〔2015〕116号）、《国家税务总局关于有限合伙制创业投资企业法人合伙人企业所得税有关问题的公告》（国家税务总局公告2015年第81号）	有限合伙制创业投资企业法人合伙人	2013年起在中关村国家自主创新示范区进行试点	2015年10月1日
	对初创科技型企业合格投资额的70%税前抵扣政策	《财政部　税务总局关于创业投资企业和天使投资个人有关税收政策的通知》（财税〔2018〕55号）	①创投公司；②有限合伙制创业投资企业的法人和个人合伙人；③天使投资个人	根据国家自主创新示范区创业投资试点政策实施中存在的问题重新制定	企业所得税（2018年1月1日）、个人所得税（2018年7月1日）
6	职工教育经费8%税前扣除政策	《财政部　税务总局关于企业职工教育经费税前扣除政策的通知》（财税〔2018〕51号）	企业	高新技术企业职工教育经费8%税前扣除自2010年起在中关村国家自主创新示范区试点，2015年推广至全国。现行政策在此基础上扩大了优惠企业范围	2018年1月1日

支持科技创新的税收优惠范围与力度不断提高

以研发费用加计扣除政策为例，研发费用加计扣除优惠是我国激励企业技术创新的重要创新政策，也是我国对企业研发活动给予财政间接投入的主要方式。近年来，我国企业享受研发费用加计扣除优惠的减免税规模快速增长，2021年达到4400亿元左右[①]（2018年2794亿元[②]、2017年1000多亿元[③]），约占我国财政直接投入的36.7%。优惠范围扩大、优惠力度提升及"放管服"等政策落实是研发费用加计扣除优惠减免税规模快速增长的原因。

1 **2015年继续扩大研发费用范围，但行业负面清单企业不能受惠。**2015年，《财政部 国家税务总局 科技部关于完善研究开发费用税前加计扣除政策的通知》（财税〔2015〕119号）中对研发费用加计扣除政策再次进行了修订。主要突破包括：一是取消研发活动的技术领域限制，增加行业负面清单；二是继续扩大可加计扣除的研发费用范围；三是进一步规范研发活动定义，并列明研发活动的负面清单；四是委外费用允许80%计入可加计扣除范围，不再提供费用明细。

2 **2017年税务管理进一步优化，科技型中小企业研发费用加计扣除比例提高至75%。**2017年，科技部、财政部和国家税务总局联合发文《关于进一步做好企业研发费用加计扣除政策落实工作的通知》（国科发政〔2017〕211号），要求科技、财政和税务主管部门建立工作协调机制，明晰异议研发项目鉴定流程与要求。

同年，《财政部 税务总局 科技部关于提高科技型中小企业研究开发费用税前加计扣除比例的通知》（财税〔2017〕34号）和《科技部 财政部 国家税务总局关于印发〈科技型中小企业评价办法〉的通知》（国科发政〔2017〕115号）中规定，在2017—2019年，提高科技型中小企业研究开发费用的税前加计扣除比例至75%。

3 **2018年研发费用加计扣除比例普遍提高至75%，委托境外研发费用允许加计扣除，税务管理进一步落实"放管服"要求。**2018年，《财政部 税务总局 科技部关于提高研究开发费用税前加计扣除比例的通知》（财税〔2018〕99号）中规定，在2018—2020年提高研发费用税前加计扣除比例至75%。同年，《财政部 税务总局 科技部关于企业委托境外研究开发费用税前加计

---

① 2021年《政府工作报告》。

② 国家税务总局2019年7月23日新闻发布会。

③ 国家税务总局2017年10月27日新闻发布会。

扣除有关政策问题的通知》（财税〔2018〕64号），明确委托境外进行研发活动所发生的费用，按照费用实际发生额的80%计入委托方的委托境外研发费用，享受研发费用税前加计扣除优惠。

同年，为落实"放管服"改革精神与要求，国家税务总局发布2018年第23号公告《企业所得税优惠政策事项办理办法》，明确企业享受研发费用加计扣除优惠时，采取"自行判别、申报享受、相关资料留存备查"的办理方式。

4 **2021年制造业企业研发费用加计扣除比例提升至100%。** 2021年，制造业企业研发费用加计扣除比例由75%提高至100%（财政部、国家税务总局2021年第13号公告《关于进一步完善研发费用税前加计扣除政策的公告》）。

5 **2022年科技型中小企业研发费用加计扣除比例提升至100%。** 2022年，科技型中小企业研发费用加计扣除比例提高至100%（财政部、国家税务总局、科技部2022年第16号公告《关于进一步提高科技型中小企业研发费用税前加计扣除比例的公告》）。

Chapter 6 第六章　数字化转型促进金融科技发展

2021 年是我国"十四五"开局之年,《中华人民共和国国民经济和社会发展第十四个五年规划和 2035 年远景目标纲要》明确提出加快数字化发展,建设数字中国。在本轮数字化转型浪潮下,我国金融业不断强化科技创新投入和科技人才培养,打造新兴金融科技业态。

银行业加快智能化布局

2021 年,6 家国有大型银行(中国建设银行、中国工商银行、中国农业银行、中国邮政储蓄银行、交通银行、中国银行)金融科技投入合计 1074.93 亿元;8 家全国性股份制银行(招商银行、兴业银行、上海浦东发展银行、中信银行、中国民生银行、中国光大银行、平安银行、渤海银行)金融科技投入合计 479.24 亿元。上述 14 家银行金融科技投入合计 1554.17 亿元,相较 2020 年增长了 12.62%[①]。在具体举措上:

中国工商银行	杭州银行	网商银行、微众银行、新网银行等
中国工商银行以开放平台、金融生态云平台为核心,聚焦用户打造金融服务生态圈。	杭州银行在零售金融业务、小微金融业务等方面持续发力,不断创新金融科技产品,打造了全链条的金融科技创新支撑体系。	网商银行、微众银行、新网银行等互联网银行全面应用基于人脸识别的 KYC 服务,它是以人脸识别为核心的金融级多因子身份验证服务,并将大数据与人脸识别、声纹识别等生物技术相结合,更精准地识别客户身份、防范欺诈风险。

2021 年,银行科技子公司运用区块链手段,强化大数据、人工智能技术的运用,在开展针对性金融产品创新的同时,不断强化客户获取、贷前准入、贷中管理、贷后催收等全生命周期的风险控制能力(图 6-1)。

---

① 资料来源:Wind 数据库。

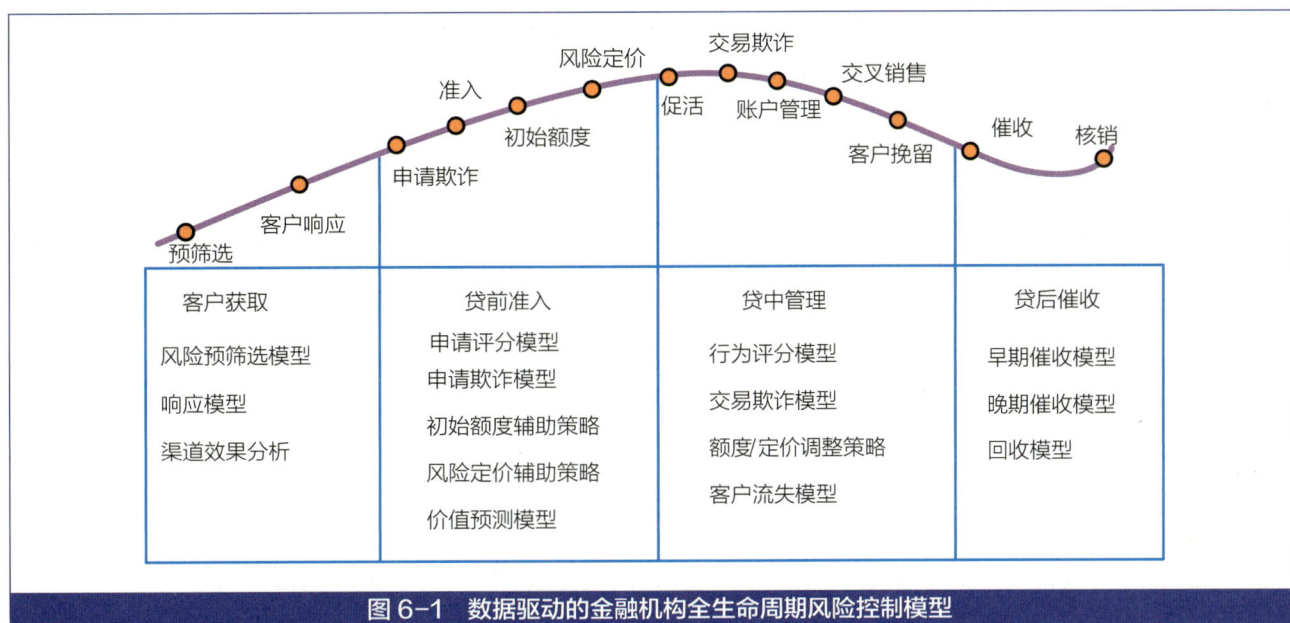

图 6-1 数据驱动的金融机构全生命周期风险控制模型

（资料来源：根据建信金融科技、龙盈智达、昆仑银行、平顶山银行等机构调研整理）

证券公司布局金融科技提升数字化服务能力

从广泛意义上看，中国"金融科技 + 券商"的历程走过了 3 个阶段。

第 1 阶段（1993—2000 年）以"互联网 + 证券登记结算"为主要特征，部分券商（如华融信托投资公司、君安证券、广发证券等）针对股票期货交易开始实行网上登记、交易、结算。

第 2 阶段（2001—2013 年）以"信息化 + 证券交易"为特色，随着中国互联网用户的快速增加，网上证券交易平台成为各家券商的标配，"掌上炒股"等新模式带来的便捷、高效的用户体验也在很大程度上助推了股民数量的快速增加。

第 3 阶段（2014 年至今）逐步进入真正意义上的"金融科技 + 智能券商"阶段，这一阶段金融科技全面助推传统券商数字化转型，并且在财富管理、投资研究、客户服务、风险控制等方面重塑了券商的业务格局。"金融科技 + 智能券商"的一个典型应用技术架构如下：在三层架构（客户端 + 中间件 + 数据库服务器）和金融科技架构（浏览器 +Web 应用服务器 + 数据库）的基础上进行智能化架构（Hadoop+ 机器学习 + 神经网络 + 区块链）。

随着金融科技与证券业务的不断深化融合，各家证券公司不断加大对金融科技领域的投入和布局。各家券商都在顺应数字经济时代的要求，通过布局金融科技提升数字化服务能力。券商金融科技的发展必将在经纪业务、投行业务、资产管理、自营业务等领域全面重塑行业生态。2021 年，证券公司纷纷加大在研发体系的建设投入，证券公司的研发体系主要从研发模式、技术实践、工具平台和持续改进管理机制等 4 个方面进行投入建设。数据是金融科技业务的核心生产要素，2021 年公开披露的 92 家证券公司在数据治理（包括数据治理相关的咨询 / 培训、专项项目、平台建设）方面进行投入，总金额约 23 383 万元。证券公司加大信息技术人才招聘力度。2021 年，证券公司金融科技类人员总数为 30 952 人，同比增长 19.7%。随着证券公司业务转型的推进，分支机构科技人员持续减少，2021 年证券公司分支机构 IT 员工为 4686 人，同比减少9.71%，分支机构人数连续 3 年减少[①]。

保险公司基于大数据开展核保和营销

大数法则、精算理论、统计理论是保险风险计量的核心技术基础，金融科技使得保险机构风险计量的数据来源由抽样、历史、静态的数据变为全量、实时、动态的数据。随着保险行业数字化转型的推进，渠道、管理等方面的技术架构及管理流程等都发生了改变，保险公司对分布式架构的需求更为迫切。2021 年，保险行业金融科技投入规模为 354.8 亿元，相比 2020 年增长了 14.6%。截至 2021 年 12 月 31 日，60% 的保险公司通过了核心业务系统的分布式改造，在分布式及云应用改造、微服务技术平台等方面进行了大量布局。2021 年，平安人寿、阳光人寿等保险公司基于大数据分析，及时分析客户需求及风险情况，全面应用金融科技手段进行智能化的产品设计、定价、核保和营销[②]。

区块链金融快速发展为供应链企业提供资金支持

2021 年，中企云链、简单汇、金网络、梧桐港等多家基于区块链的供应链金融平台快速发展。链式金融科技平台可以便捷地管理产业链供应链上下游企业的资金流、物流和信息流等数据信息，并把单个企业的不可控风险转变为供应链企业整体的可控风险，使得核心企业的信用沿着产业链流转，为全链条企业或创客提供服务（图 6-2）。

---

① 资料来源：中国证券业协会《中国证券业发展报告（2022）》。
② 资料来源：中国保险行业协会《中国保险科技发展报告（2021）》。

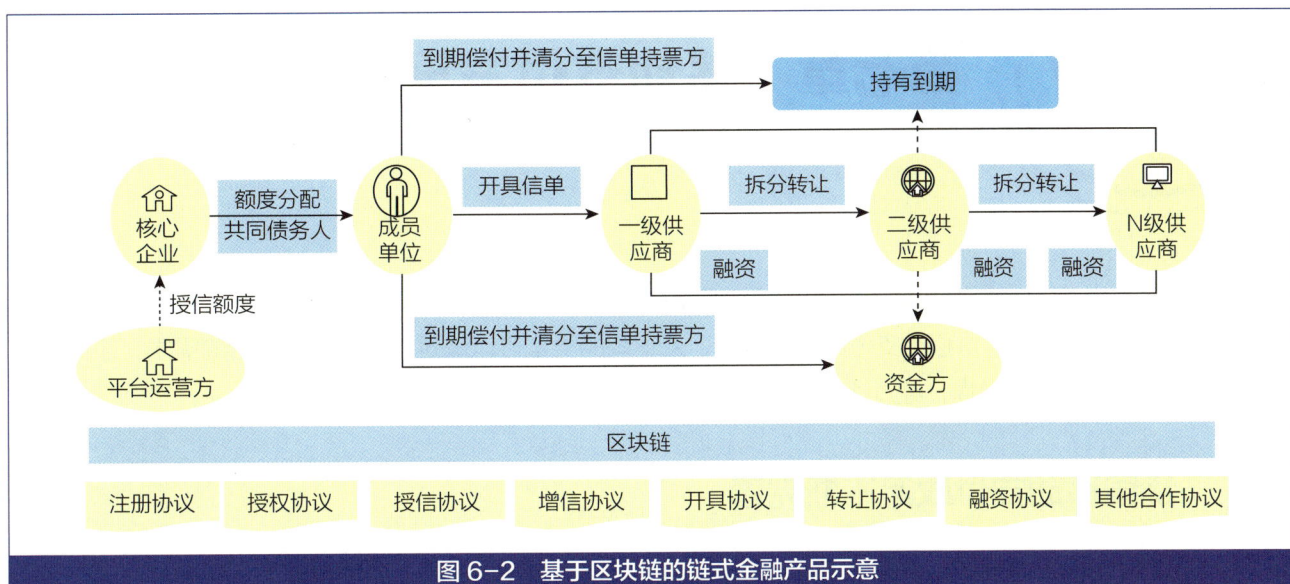

图6-2 基于区块链的链式金融产品示意

（资料来源：根据简单汇、联易融、柏城、中企云链等机构调研整理）

Chapter 7 第七章 移动支付发展

移动支付是以移动端为主要载体，通过移动终端对所购买的产品进行结算支付的方法，目前手机支付是移动支付的主要表现形式[1]。移动支付的类型多样，且不同的类型可以满足用户在不同场合的需求，加上易操作的系统和相对可靠的安全性，经过 10 余年发展，有效地丰富了我国的消费形式。

我国移动支付政策不断完善

自 2005 年中国人民银行制定并发布了《电子支付指引（第一号）》至今，我国移动支付政策不断完善，移动支付在主体、行为、监管及基础设施等方面也不断完善，具体如表 7-1 所示。

表 7-1 中国移动支付相关政策

年份	发布单位	政策名称
2005	中国人民银行	《电子支付指引（第一号）》
2012	中国人民银行	《关于中国支付体系发展（2011—2015 年）的指导意见》
2014	中国人民银行	《关于手机支付业务发展的指导意见》
2015	中国人民银行	《关于推动移动金融技术创新健康发展的指导意见》
2015	中国人民银行	《非银行支付机构网络支付业务管理办法》
2016	中国人民银行	《非银行支付机构风险专项整治工作实施方案》
2016	中国支付清算协会	《条码支付业务规范（征求意见稿）》
2016	中国人民银行	《中国金融移动支付支付标记化技术规范》
2017	中国人民银行支付结算司	《中国人民银行支付结算司关于将非银行支付机构网络支付业务由直连模式迁移至网联平台处理的通知》
2018	中国人民银行、中国银保监会、中国证监会	《互联网金融从业机构反洗钱和反恐怖融资管理办法（试行）》

---

[1] 艾瑞咨询（IResearch）《2021 年中国移动支付行业研究报告》，2022 年 3 月。

续表

年份	发布单位	政策名称
2019	中国人民银行	《关于进一步加强支付结算管理防范电信网络新型违法犯罪有关事项的通知》
2019	中国人民银行	《支付结算合规监管数据接口规范》
2020	中国人民银行	《网上银行系统信息安全通用规范》
2020	中国银联	《中国银联支付终端安全技术规范》
2022	中国人民银行	《金融科技发展规划（2022—2025 年）》

我国移动支付规模不断扩大

近 10 年来，我国以科技为依靠的支付手段更加多元化，移动支付发展迅速。自 2013 年我国开始出现针对移动支付 ① 的统计以来，移动支付业务数和金额大幅增长，连续 3 年增幅超过 100%，其中 2015 年较上一年增长 379.06%（图 7-1、图 7-2）。

图 7-1　我国移动支付金额（2013—2020 年）

_____

① 根据中国人民银行定义，我国电子支付业务包括网上支付、移动支付及电话支付。

图 7-2　我国移动支付业务数（2013—2020 年）

截至 2020 年，我国移动支付业务数从 2013 年的 16.74 亿笔增长至 1232.20 亿笔，支付金额从 9.64 万亿元增长至 432.16 万亿元，分别增长了 72.60 倍和 43.83 倍。与 2013 年相比，我国电子支付结构已经发生巨大转变，从以网上支付为主导转变成以移动支付为主导（图 7-3）。

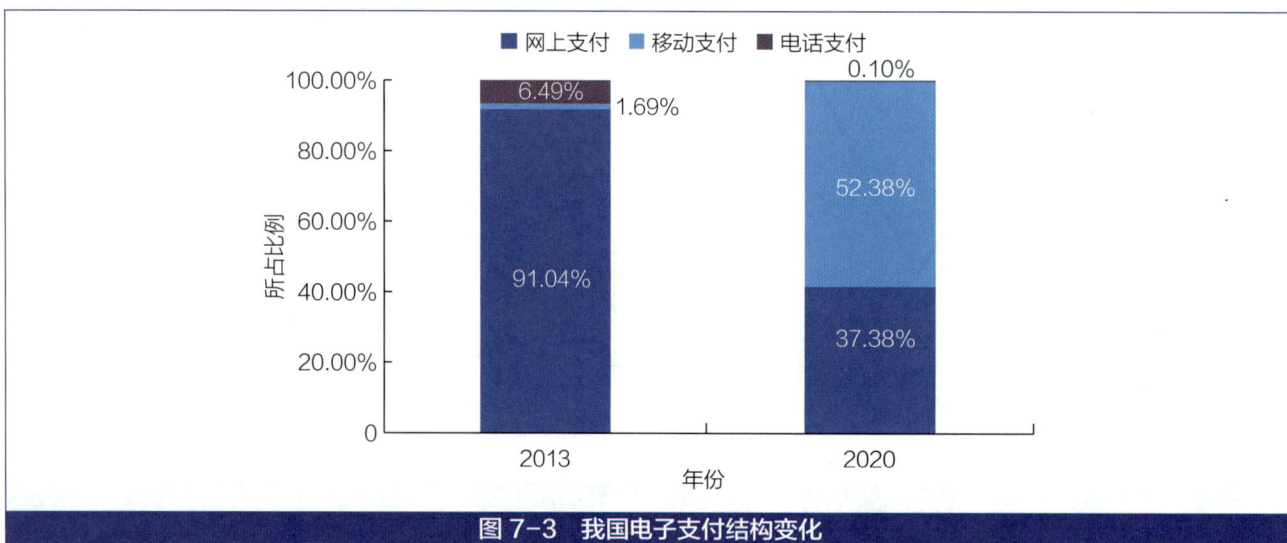

图 7-3　我国电子支付结构变化

（资料来源：中国人民银行）

此外，同美国、欧洲等发达国家及地区相比，我国移动支付市场渗透率处于世界领先地位（图 7-4）。数据显示，2019 年我国移动支付的市场渗透率已经达到 32.7%。

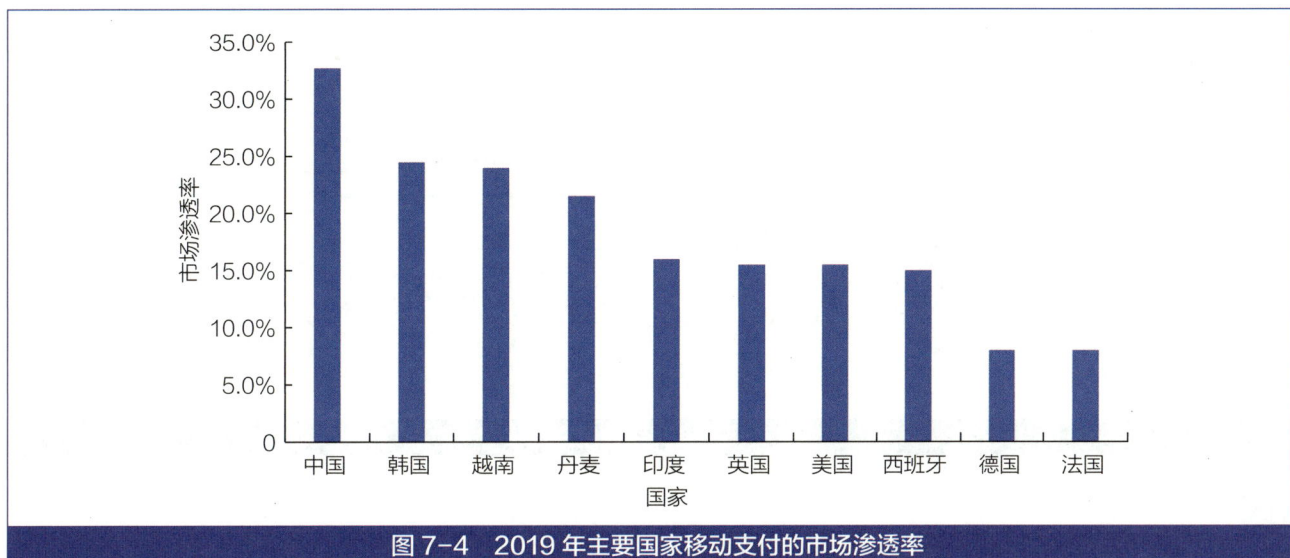

图 7-4　2019 年主要国家移动支付的市场渗透率

（资料来源：Statista、海通证券研究所）

基础设施、新兴技术不断完善，为移动支付提供了技术支撑 [1]

党的十八大以来，我国不断加快信息基础设施建设，5G 网络、数据中心等新型基础设施发展迅速，为从传统终端向智能终端的变迁提供了有力支撑。从入网设备看，1994—2009 年，接入互联网的设备主要以 PC 终端为主。2006 年，中国手机网民数量达到 1300 万人，截至 2009 年 12 月，中国手机网民占比首次超过五成；2012 年 6 月，通过手机接入互联网的网民数量达到 3.88 亿人，手机成为我国网民的第一大上网终端。2010 年以后，伴随着移动互联网的飞速发展，我国手机网民数量增长迅速，手机网民占整体网民的比例从 2010 年 12 月的 66.2% 跃升到 2022 年 6 月的 99.6%。随着物联网发展速度的不断加快，蜂窝物联网用户规模持续扩大。3 家基础电信企业发展蜂窝物联网终端用户从 2018 年年底的 6.71 亿人增长至 2021 年年底的 13.99 亿人（图 7-5）。

---

① 资料来源：中国互联网络信息中心《第 50 次中国互联网络发展状况统计报告》，2022 年 8 月。

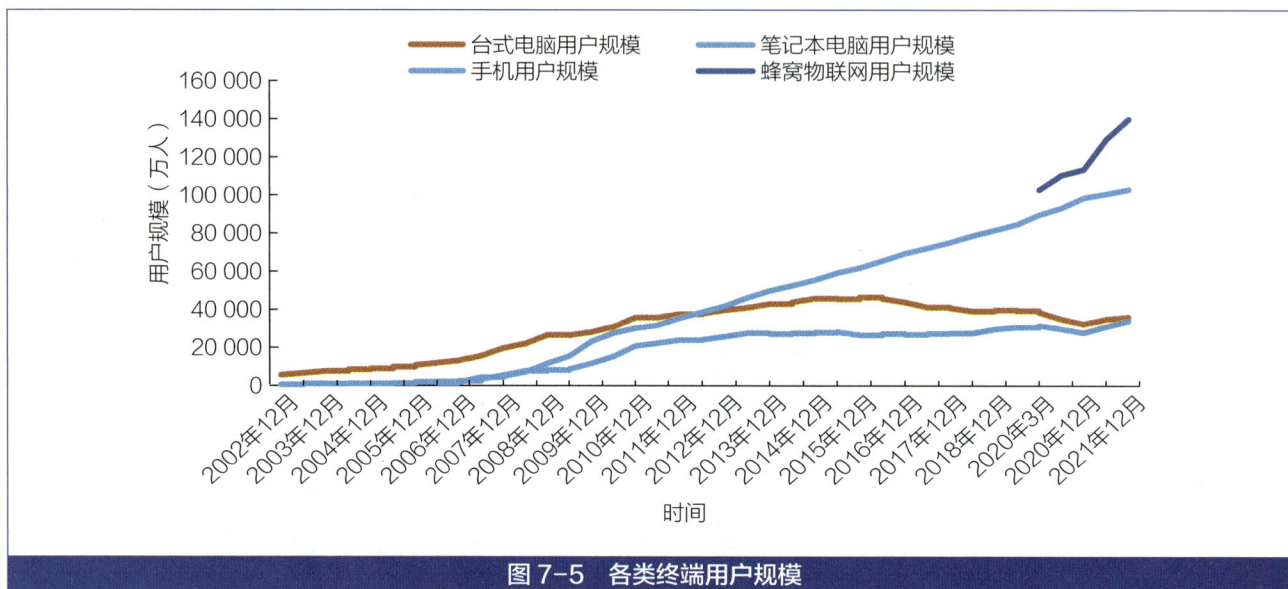

图 7-5　各类终端用户规模

入网群体不断扩大，为移动支付发展提供了用户规模 [①]

互联网的不断深入和普及，让我国成为网民数量第一的国家。截至 2022 年 6 月，我国网民规模为 10.51 亿人，较 2021 年 12 月新增网民 1919 万人；互联网普及率达 74.4%，较 2021 年 12 月提升 1.4 个百分点（图 7-6）。

图 7-6　中国网民规模和互联网普及率

---

① 资料来源：中国互联网络信息中心《第 50 次中国互联网络发展状况统计报告》，2022 年 8 月。

一方面，未成年群体日益成为互联网用户的主力军。随着新型智能终端在未成年群体中迅速普及，以"00后""10后"等为代表的学生群体是拥有更高审美、更高消费能力的互联网原生代，他们对消费有着更高的要求，因此成为新消费最主要的群体，也推动了移动支付快速发展。

另一方面，老年人的网络普及率和参与度不断提升。得益于互联网应用适老化改造行动的持续推进，老年群体联网、上网、用网的需求活力进一步激发。截至2021年12月，我国60岁及以上老年网民规模达1.19亿人，互联网普及率达43.2%。随着生活水平的提高和消费观念的转变，许多老年人的消费需求已经发生显著变化，普遍呈现品质化、多元化、个性化、便利化等趋势，逐渐从生存型消费走向享受型消费，进一步扩大了移动支付的用户群体。

移动支付有力支撑了新消费模式 ①

移动支付的快速发展推动了居民消费习惯的改变。

在消费场景方面，移动支付的使用已经从线上消费转变为线上线下的融合消费。早期的网络消费以线上购物辅以线下付款的形式展开。截至2015年12月，我国网络支付用户规模达4.16亿人，首次超过网络购物用户规模，表明互联网逐步深入线下消费场景，出门"无钱包"、消费"无纸币"的习惯初步形成（图7-7）。特别是2020年新冠肺炎疫情暴发以来，网络支付与无接触支付等方式深度结合，成为继即时通信、网络视频（含短视频）后的第三大网络应用，线上线下融合消费基本成形。

图 7-7　我国网络购物与网络支付用户规模

---

① 资料来源：中国互联网络信息中心《第 50 次中国互联网络发展状况统计报告》，2022 年 8 月。

在消费结构方面，从以实物消费为主转变为"实物 + 服务"消费双轮驱动。一方面，自电子商务兴起以来，网上实物商品日益丰富，2016 年至今零售规模逐年增加，占网上零售总额的比重保持在 70% 以上；另一方面，互联网提供大量免费内容服务及软件服务，促使以流量消费、时间消费为特点的新型消费快速增长。从 2001 年 12 月到 2022 年 6 月，我国网民每周上网时长从 8.5 小时增长至 29.5 小时，互联网与人们的生产生活结合日益紧密。同时，越来越多的实物商品成为定制化、智能化服务的载体，形成了"实物 + 服务"同步发展的消费格局。

在消费行为方面，搜索型消费逐渐向推荐型消费转变。传统的网络消费行为主要基于对产品及服务的信息搜索展开，而随着大数据、人工智能技术的发展，基于算法的个性化推荐逐渐成为主流。此外，网络直播、网络社交推动社交媒体营销兴起，利用人与人之间的口口相传拉动消费增长，形成网红经济、信任经济等新型经济模式。从 2020 年 6 月到 2022 年 6 月，我国电商直播用户规模从 3.09 亿人增长至 4.69 亿人，年均增长率达 23.2%；网民使用率从 32.9% 提升到 44.6%，两年增长 11.7 个百分点。

Chapter 8

第八章　推动区块链发展的实践与展望

自 2008 年中本聪发表"Bitcoin: A Peer-to-Peer Electronic Cash System"以来，区块链技术产生已经 10 余年。我国历来高度重视区块链技术和相关产业发展，并把区块链技术看作数字经济领域竞争的战略手段。

重视顶层设计

经过多年的发展，我国在区块链技术和产业领域已经构建了良好的政策体系架构。国务院发布的《"十三五"国家信息化规划》再三提及区块链，中国人民银行发布的《中国金融业信息技术"十三五"发展规划》、工业和信息化部牵头发布的《中国区块链技术和应用发展白皮书》，均明确提出要加强区块链技术的基础研发和前沿布局。

2018 年 5 月　习近平总书记在两院院士大会上将区块链技术列为 5 个待突破的新一代信息技术之一。区块链技术在构建下一代价值互联网中的重要地位不言而喻。

2019 年 10 月　习近平总书记在主持学习时强调，区块链技术的集成应用在新的技术革新和产业变革中起着重要作用，要把区块链作为核心技术自主创新的重要突破口，明确主攻方向，加大投入力度，着力攻克一批关键核心技术，加快推动区块链技术和产业创新发展。

2021 年 3 月　《中华人民共和国国民经济和社会发展第十四个五年规划和 2035 年远景目标纲要》将区块链列为数字经济七大重点产业之一，提出要推动智能合约、共识算法、加密算法、分布式系统等区块链技术创新，以联盟链为重点发展区块链服务平台和金融科技、供应链管理、政府服务等领域应用方案，完善监管机制。

2021 年 6 月　工业和信息化部、中共中央网络安全和信息化委员会办公室发布《关于加快推动区块链技术应用和产业发展的指导意见》，从标准体系、技术平台、质量品牌、网络安全、知识产权等方面着力提升区块链产业基础能力；进一步明确了赋能实体经济、提升公共服务、夯实产业基础、打造现代产业链、促进融通发展等重要任务，是国家首次为区块链发展制定明确的发展路线图和时间表，也标志着我国区块链技术和产业发展的政策设计进一步完善。

据初步统计，近年来，我国中央政府部门出台各类区块链技术的政策数量逐渐增多（图 8-1），涉及领域涵盖政务服务、金融、智能制造、交通运输等诸多方面（图 8-2）。

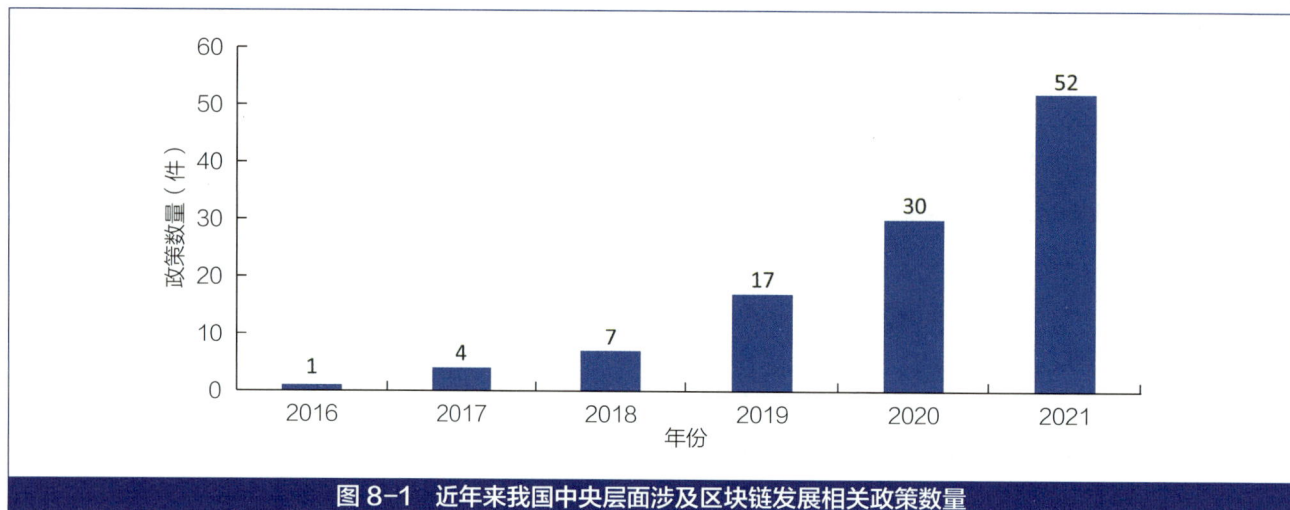

图 8-1　近年来我国中央层面涉及区块链发展相关政策数量

（资料来源：赛迪研究院）

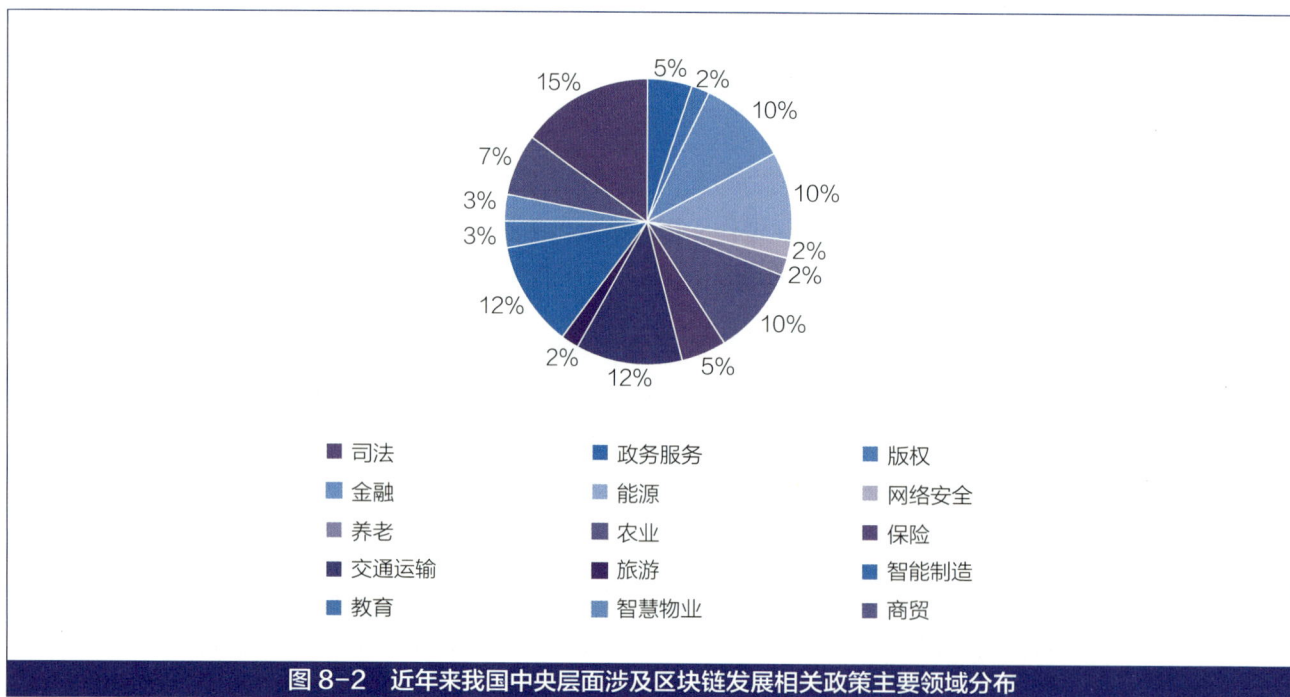

图 8-2　近年来我国中央层面涉及区块链发展相关政策主要领域分布

（资料来源：赛迪研究院）

规范数字货币发展

2017 年，国内通过发行代币形式 [包括首次代币发行（ICO）] 进行融资的活动大量涌现，投机炒作盛行，涉嫌从事非法金融活动，严重扰乱了经济金融秩序。中国人民银行等部门颁布《关于防范代币发行融资风险的公告》，提出准确认识代币发行融资活动的本质属性，认为代币发行融资是指融资主体通过代币的违规发售、流通，向投资者筹集比特币、以太币等所谓"虚拟货币"，本质上是一种未经批准非法公开融资的行为，涉嫌非法发售代币票券、非法发行证券及非法集资、金融诈骗、传销等违法犯罪活动。代币发行融资中使用的代币或"虚拟货币"不由货币当局发行，不具有法偿性与强制性等货币属性，不具有与货币等同的法律地位，不能也不应作为货币在市场上流通使用。

2017 年之后，虚拟货币在我国处于被严格监管的态势。2021 年，针对虚拟货币交易炒作活动抬头，扰乱经济金融秩序，滋生赌博、非法集资、诈骗、传销、洗钱等违法犯罪活动乱象，中国人民银行等部门颁布《关于进一步防范和处置虚拟货币交易炒作风险的通知》，明确虚拟货币和相关业务活动本质属性，再次指出虚拟货币不具有与法定货币等同的法律地位。近年来中央层面关于虚拟货币的主要监管政策如表8-1 所示。

表 8-1　近年来中央层面关于虚拟货币的主要监管政策

发布单位	时间	名称
中国人民银行等	2017 年 9 月	《关于防范代币发行融资风险的公告》
中国银保监会等	2018 年 8 月	《关于防范以"虚拟货币""区块链"名义进行非法集资的风险提示》
最高人民法院等	2020 年 10 月	《关于办理跨境赌博犯罪案件若干问题的意见》
中国人民银行	2021 年 4 月	《金融机构反洗钱和反恐怖融资监管管理办法》
国务院	2021 年 5 月	《防范和处置非法集资条例》
中国互联网金融协会等	2021 年 5 月	《关于防范虚拟货币交易炒作风险的公告》
中国人民银行	2021 年 6 月	《反洗钱法（修订草案公开征求意见稿）》
中国人民银行等	2021 年 9 月	《关于进一步防范和处置虚拟货币交易炒作风险的通知》
国家发展改革委等	2021 年 9 月	《关于整治虚拟货币"挖矿"活动的通知》

区块链技术的应用现状

金融是区块链技术的重要应用方向之一，区块链技术在我国金融领域的应用探索正在逐渐加快。

区块链技术正成为重要的金融基础设施

从电话银行、网络银行、手机银行到互联网金融等的逐步普及和迅速更替可以看出，技术是金融基础设施发展完善的重要因素之一。近年来，区块链技术已日益成为全球主要国家争相布局的重要金融基础设施。国际清算银行（BIS）2018 年 11 月的一项调研显示，73.5% 的国家中央银行将区块链视为未来 5 年提升本国金融竞争力的新手段[①]。对于我国而言，立足国内庞大的金融场景来开展区块链技术研发与应用布局，是参与国际金融竞争和应对中美金融博弈的重要一环。目前，中国银行、招商银行、平安集团、微众银行、蚂蚁金服、京东金融、港交所等都在架构基于区块链技术的平台系统，相关金融机构的支付、清结算、融资和风控等核心业务未来均将在此基础上进行拓展。

区块链技术在法定数字货币领域的应用正在加速

区块链在我国金融领域目前最成熟的应用场景在于数字货币。数字货币利用区块链多中心、不可篡改、高度共识和匿名安全的特性，有助于金融交易效率和安全程度的大幅提升。包括我国在内的多个国家的中央银行正在开展法定数字货币工作，意图通过数字货币来降低货币发行和流通成本，增加支付结算尤其是跨境结算的便利性和透明度，降低洗钱等犯罪风险，提升央行对货币流通的控制力。我国央行在相关领域的实践较早，央行数字货币（即数字人民币）的发行主要立足于国内支付系统的现代化，以充分满足公众日常支付需要，进一步提高零售支付系统效能，降低全社会零售支付成本。因此，研发数字人民币主要是为了满足国内零售支付需要，提升普惠金融发展水平，提高货币和支付体系运行效率。基于此，对零售场景的探索成为数字人民币试点过程中的重要方向。截至 2021 年 10 月 8 日，数字人民币试点场景已超过 350 万个。中国人民银行数字货币研究所所长穆长春曾公开表示，截至 2021 年 10 月 22 日，数字人民币个人钱包已开立 1.4 亿个，企业钱包 1000 万个，累计交易笔数达到 1.5 亿笔，交易额接近 620 亿元。约 155 万个商户支持数字人民币钱包，涵盖公共事业、餐饮服务、交通出行、购物和政务等各个领域[②]。

---

① The evolution of power of blockchain: a central banker's balancing act[EB/OL]. [2021-12-13]. https://www.bis.org/review/r181015j.htm.

② https://baijiahao.baidu.com/s?id=17215539928936 54106&wfr=spider&for=pc.

● 区块链技术在其他金融领域的应用正在加紧探索

（1）跨境贸易结算场景。在跨境贸易中，传统支付工具需要跨越多个机构对账，周期长、效率低的问题往往影响了支付清算的便捷性，将交易数据流上链则可高效进行交易的执行、清算和结算。中国银行区块链跨境钱包、中国银联区块链跨境汇款服务平台等项目在跨境贸易结算方面进行了积极探索。

（2）供应链金融场景。区块链技术可将供应链上下游的信息流、商流、物流和资金流打通，降低信任传导成本，实现端到端的可信度。2021 年，中国工商银行自主研发的"工银玺链"区块链平台，已取得150 余项技术创新成果，中国工商银行运用这些成果，在资金管理、供应链金融、贸易金融、民生服务等方面构建了数十个场景，服务机构超 1000 家[1]。同年，扬子国投与上海高金联合推出基于区块链的智能保理平台，运用大数据、区块链等前沿科技手段，对传统保理进行智能优化和创新，为破解中小企业"融资难、融资贵"提供了新思路[2]。

（3）金融监管场景。2019 年 8 月，中国人民银行发布了《金融科技（FinTech）发展规划（2019—2021 年）》，提出要运用数字化监管协议、智能风控平台等监管科技手段，推动金融监管模式由事后监管向事前、事中监管转变[3]。区块链技术可记载实时资金流，交易对手信息、资金进出等金融信息上链后能进行穿透式智能监测，资金流转过程全程透明、不可篡改。2021 年，北京国际大数据交易所基于自主知识产权开放数据交易平台 IDEX 系统，依托在隐私计算、区块链及智能合约、数据确权标识、测试沙盒等领域的技术优势，构建新型数据交易系统，支持全链条交易服务体系的建设[4]。

---

① https://www.163.com/dy/article/H0VD81JR05198086.html.

② http://www.nbs.cn/tv/5/2/202102/t20210205_537612.html.

③ 中国人民银行印发金融科技（FinTech）发展规划（2019—2021 年）[EB/OL].（2019-08-22）[2021-09-13]. http://www.pbc.gov.cn/goutongjiaoliu/113456/113469/3878634/index.html.

④ https://baijiahao.baidu.com/s?id=1712375795075273820&wfr=spider&for=pc.

未来展望

2022 年 2 月 8 日，福布斯发布了 2022 年区块链 50 强企业，其中有 14% 是中国企业，即 7 家上榜，分别是蚂蚁集团、百度、中国建设银行、中国工商银行、平安（壹账通）、腾讯、微众银行。根据福布斯的数据，2019 年只有 2% 的 50 强企业来自中国，如今我国企业在区块链领域的国际影响力日益增大[①]。总体而言，10 多年来，我国政府坚持"强链去币、有扶有控"的思路，严禁虚拟货币，扶持法定数字货币和联盟链条技术创新，大力发展区块链技术和相关产业，区块链技术正在向各行各业赋能，改善传统业态的协作机制和运营效率；基于区块链技术的组织形态正使得商业模式和社会治理机制变得更加开放、共享、民主和可信。未来，区块链与人工智能、量子信息、5G、物联网等技术相互融合，共同构筑新一代信息技术基础架构，将为新一轮技术革命和产业变革蓄积能量。

---

① https://baijiahao.baidu.com/s?id=1724280307220901350&wfr=spider&for=pc.

附 录

附录1 2021年中国重要科技金融政策

类别	文件	发文单位	主要内容
顶层设计	《中华人民共和国国民经济和社会发展第十四个五年规划和2035年远景目标纲要》（2021年3月13日）	中共中央、国务院	明确提出要"完善金融支持科技创新体系，鼓励金融机构发展知识产权质押融资等科技金融产品，开展科技成果转化贷款风险补偿试点"，为今后科技金融发展指明了方向
	《关于印发"十四五"促进中小企业发展规划的通知》（工信部联规〔2021〕200号）	工业和信息化部、国家发展改革委、科技部、财政部、人力资源社会保障部、农业农村部、商务部、文化和旅游部、中国人民银行、海关总署、国家税务总局、国家市场监督管理总局、国家统计局、国家知识产权局、中国国际贸易促进委员会、中华全国工商业联合会、国家开发银行	围绕"政策体系、服务体系、发展环境"3个领域，聚焦"缓解中小企业融资难、融资贵，加强中小企业合法权益保护"两个重点，紧盯"提升中小企业创新能力和专业化水平"一个目标，构建"321"工作体系，支持中小企业成长为创新的重要发源地，进一步增强中小企业综合实力和核心竞争力；提高融资可得性：综合运用货币、财政等政策工具及差异化监管措施，引导金融机构加大对小微企业信贷的支持力度，促进形成敢贷、愿贷、能贷、会贷的长效机制。健全信用信息共享机制，支持金融机构运用金融科技创新金融产品和服务，推动供应链金融场景化和生态化，加强对创新型中小企业的支持。进一步规范涉企金融服务收费，推动小微企业综合融资成本稳中有降。健全政府性融资担保体系，完善融资担保风险补偿机制和绩效考核激励机制。增强多层次资本市场融资功能，完善差异化制度安排，扩大中小企业直接融资规模。发挥政府投资基金带动作用，引导创业投资机构和社会资本投早、投小、投长期、投创新、投绿色
	《中共中央 国务院关于支持浦东新区高水平改革开放 打造社会主义现代化建设引领区的意见》（2021年4月23日）	中共中央、国务院	提出在浦东特定区域开展公司型创业投资企业所得税优惠政策试点；同时提出，适时研究在浦东依法依规开设私募股权和创业投资股权份额转让平台，推动私募股权和创业投资股权份额二级交易市场发展。另外，放宽创业投资基金股东减持条件，引导行业投早、投小

续表

类别	文件	发文单位	主要内容
财税引导	《关于进一步完善研发费用税前加计扣除政策的公告》（财政部 税务总局公告2021年第13号）	财政部、税务总局	制造业企业开展研发活动中实际发生的研发费用，未形成无形资产计入当期损益的，在按规定据实扣除的基础上，自2021年1月1日起，再按照实际发生额的100%在税前加计扣除；形成无形资产的，自2021年1月1日起，按照无形资产成本的200%在税前摊销
	《财政部 海关总署 税务总局关于"十四五"期间支持科技创新进口税收政策的通知》（财关税〔2021〕23号）	财政部、海关总署、税务总局	具体有：①对科学研究机构、技术开发机构、学校、党校（行政学院）、图书馆进口国内不能生产或性能不能满足需求的科学研究、科技开发和教学用品，免征进口关税和进口环节增值税、消费税。②对出版物进口单位为科研院所、学校、党校（行政学院）、图书馆进口用于科研、教学的图书、资料等，免征进口环节增值税
	《国家税务总局关于进一步落实研发费用加计扣除政策有关问题的公告》（国家税务总局公告2021年第28号）	国家税务总局	企业10月预缴申报第3季度（按季预缴）或9月（按月预缴）预缴企业所得税时，可以自主选择就前三季度研发费用享受加计扣除优惠政策。对10月预缴申报期未选择享受优惠的，可以在2022年办理2021年度企业所得税汇算清缴时统一享受
创新链条	《关于支持"专精特新"中小企业高质量发展的通知》（财建〔2021〕2号）	财政部、工业和信息化部	通过中央财政资金引导，支持重点"小巨人"企业推进以下工作：一是加大创新投入，加快技术成果产业化应用，推进工业"四基"领域或制造强国战略明确的十大重点产业领域"补短板"和"锻长板"；二是与行业龙头企业协同创新、产业链上下游协作配套，支撑产业链补链延链固链、提升产业链供应链稳定性和竞争力；三是促进数字化网络化智能化改造，业务系统向云端迁移，并通过工业设计促进提品质和创品牌
	《国家知识产权局 中国银保监会 国家发展改革委关于印发〈知识产权质押融资入园惠企行动方案（2021—2023年））的通知》（国知发运字〔2021〕17号）	国家知识产权局、中国银保监会、国家发展改革委	建立健全政府引导的知识产权质押融资风险分担和补偿机制，综合运用保险、担保、风险补偿等方式降低信贷风险；对于资金长期闲置的，要及时调整优化管理办法和使用方式，并加大对产业园区的支持倾斜力度；探索风险补偿的前置模式，在融资出现不良时，先行按比例拨付补偿金，待质物处置后再行清算。通过3年行动，力争实现知识产权质押融资惠及"百园万企"的目标

类别	文件	发文单位	主要内容
创新链条	《科技部办公厅 国家开发银行办公厅关于开展重大科技成果产业化专题债有关工作的通知》（国科办区〔2021〕108 号）	科技部办公厅、国家开发银行办公厅	通知提到，建立中央地方联动、多政策协同、多元化投入的推进机制，力争通过发行专题债为科技成果转化提供融资 100 亿元以上
	《科技部火炬中心与中国工商银行关于开展科技金融创新服务"十百千万"专项行动的通知》（国科火字〔2021〕122 号）	科技部火炬中心、中国工商银行	总体目标：深入贯彻落实党中央关于促进科技创新与现代金融协同发展的决策部署，以创新金融产品和完善服务模式为主要任务，深入推进"十百千万"专项行动，择优选择在 10 家左右国家高新区内建设科技金融创新服务中心，带动 100 家以上国家高新区与工商银行创新政银合作新模式，每年新遴选 1000 家以上高新技术企业进行重点支持，力争到 2025 年实现工商银行高新技术企业融资余额突破 10 000 亿元，形成一批可复制、可推广的科技金融创新产品和服务模式，加速科技企业成长和提升企业创新能力，促进国家高新区优化完善金融服务生态体系，助力国家高新区高质量发展
	《关于加强私募投资基金监管的若干规定》（中国证券监督管理委员会公告〔2020〕71 号）	中国证监会	规定形成了私募基金管理人及从业人员等主体的"十不得"禁止性要求，进一步引导私募基金行业良性发展
	《中国银保监会关于银行业保险业支持高水平科技自立自强的指导意见》（银保监发〔2021〕46 号）	中国银保监会	完善科技金融服务体系：积极发挥开发性、政策性金融作用，推动商业银行科技金融服务提质增效，强化科技保险保障作用，发挥非银行金融机构特色优势。创新科技金融产品和服务：探索科技信贷服务新模式，积极支持科技企业直接融资、强化科技保险服务，加强科技人才创新创业服务
	《工业和信息化部关于印发"十四五"软件和信息技术服务业发展规划的通知》（工信部规〔2021〕180 号）	工业和信息化部	充分发挥创业投资支持创新创业作用，鼓励社会资本设立软件产业投资基金，为软件企业提供融资服务。加快发展知识产权质押融资等金融产品服务，支持企业积极申请科创板、创业板上市

续表

类别	文件	发文单位	主要内容
创新链条	《中国人民银行　发展改革委　证监会关于印发〈绿色债券支持项目目录（2021年版）〉的通知》（银发〔2021〕96号）	中国人民银行、发展改革委、证监会	绿色债券是重要的绿色金融工具。实现三大重点突破：一是绿色项目界定标准更加科学准确。二是债券发行管理模式更加优化。首次统一了绿色债券相关管理部门对绿色项目的界定标准，有效降低了绿色债券发行、交易和管理成本，提升了绿色债券市场的定价效率。三是为我国绿色债券发展提供了稳定框架和灵活空间
地方探索	《北京市科学技术委员会　中关村科技园区管理委员会关于印发〈关于建立实施中关村知识产权质押融资成本分担和风险补偿机制的若干措施〉的通知》（中科园发〔2021〕3号）	北京市科学技术委员会、中关村科技园区管理委员会	在中关村示范区率先建立知识产权质押融资成本分担和风险补偿机制，提升知识产权质押融资规模，降低企业综合融资成本，完善知识产权质押融资服务保障体系。具体举措：加大科技型中小微企业知识产权质押融资贴息支持力度、建立多方参与的知识产权质押融资市场化风险分担机制、实施知识产权质押融资业务风险及信用管理制度、开展不良知识产权质押融资资产处置及追偿
	《中共北京市委办公厅　北京市人民政府办公厅印发〈北京市关于加快建设全球数字经济标杆城市的实施方案〉的通知》（2021年7月30日）	中共北京市委办公厅、北京市人民政府办公厅	加强数字城市基础设施建设，围绕数据资产，推动数字技术创新，打通数据生成—汇聚—交易—消费—应用全链条，培育数据驱动的未来产业，建立数字经济规则和发展测度体系，形成开放领先的新型数字社会生态
	《关于印发〈关于进一步加强本市知识产权金融工作的指导意见〉的通知》（2021年9月16日）	上海市知识产权局、中国人民银行上海分行、中国银行保险监督管理委员会上海监管局、上海市地方金融监督管理局、上海市版权局	提出了一系列措施：共同推动本市知识产权金融工作相关支持政策的制定实施，并明确将知识产权金融工作纳入党政领导班子绩效考核的重要指标；鼓励各区人民政府完善知识产权金融扶持政策，目前本市各区相关政策已先后陆续出台；加快推进本市知识产权运营服务体系建设，组织开展知识产权金融服务"入园惠企""银企对接"及论坛、巡讲等宣传培训活动，从根本上改善知识产权投融资氛围

类别	文件	发文单位	主要内容
地方探索	《广州市人民政府办公厅关于新时期进一步促进科技金融与产业融合发展的实施意见》（穗府办规〔2021〕12号）	广州市人民政府办公厅	提出以下实施意见： ①加快建设风投创投之都； ②进一步提升科技信贷水平； ③大力对接多层次资本市场； ④开展区域科技金融合作； ⑤探索科技金融服务联动创新； ⑥完善科技金融服务体系
	《广东省人民政府关于印发广东省深入推进资本要素市场化配置改革行动方案的通知》（粤府函〔2021〕268号）	广东省人民政府	主要措施： ①大力建设现代金融体系，强化资本要素配置能力； ②深化资本市场改革，提高资本市场直接融资比重； ③深化跨境金融改革，打通资本要素跨境流动渠道； ④深化科创金融改革，围绕创新链完善资金链； ⑤深化普惠金融改革，引导资本要素向重点领域倾斜； ⑥深化绿色金融改革，利用资本要素实现可持续发展
	《深圳经济特区创业投资条例（征求意见稿）》（2021年10月14日）	深圳市地方金融监督管理局	对2003年发布的《深圳经济特区创业投资条例》进行修订，提出要发挥政府引导基金的引导放大作用，打造市场化母基金行业，鼓励各类大型机构资金参与出资。在退出渠道上针对退出难等问题，提出要以深交所为核心畅通创投主体退出渠道
	《厦门市科学技术局关于修订印发厦门市科技信贷及保险扶持管理办法的通知》（厦科规〔2021〕5号）	厦门市科技局	对本市科技型企业在创新创业活动中为获取社会金融资源支持而给予各种形式的支持，主要包括科技信用贷款扶持、科技担保贷款扶持、科技保证保险贷款扶持、科技保险补贴等
	《关于印发〈宁夏科技金融补助管理暂行办法〉的通知》（2021年10月22日）	宁夏回族自治区科技厅	对科技企业的贷款利息、担保费用、保险费用、知识产权质押融资评估费用按照不同比例给予补助，年度最高补助100万元

附录 2　2021 年中国科技金融大事记

2021 年 3 月 15 日，科技部与中国工商银行在北京市签署战略合作协议。科技部部长王志刚和中国工商银行董事长陈四清出席签约仪式并作讲话。根据协议，双方将围绕支持国家重大研发任务、高新区和科技企业高质量发展、建立特色金融机构等方面开展合作，创新金融服务模式，加大对科技创新重点领域和重要区域的金融支持，共同培育科技产业新生态。

2021 年 5 月 7 日，中国技术交易所（北京知识产权交易中心）披露，"中技所—中关村担保—长江 –1-10 期知识产权资产支持专项计划"在深圳证券交易所审核通过，总规模不超过 10 亿元，这也是北京市首单专利许可知识产权资产证券化项目。这一系列专项计划的实施，有利于进一步挖掘北京地区科技型企业知识产权价值，创新中小企业融资方式，促进技术和资本要素融合发展，支撑国际科技创新中心和北京"两区"的建设。

2021 年 6 月 23 日，科技部与中国建设银行在北京市签署战略合作协议，科技部部长王志刚和中国建设银行董事长田国立出席签约仪式并讲话。根据协议，双方将围绕推动重大项目落地、支持国家新兴产业发展、加强科技金融模式创新、建设科技金融平台生态、促进科技成果转移转化、支持区域创新体系建设等六大领域展开合作，推动科技与金融深度融合发展。

2021 年 7 月 27 日，国家发展改革委官方公众号发布了《关于推广借鉴深圳经济特区创新举措和经验做法的通知》，共 5 个方面 47 条，重点就"基础研究＋技术攻关＋成果产业化＋科技金融＋人才支撑"全过程创新生态链进行总结，提到要发挥政府投资杠杆作用，组建早期创业投资引导基金，对子基金在项目投资过程中的超额收益全部让渡，同时最高承担子基金在一个具体项目上 40%的投资风险，助力种子期、初创期企业跨越"死亡谷"。

2021 年 8 月 26 日，科技部与中国银行在北京市签署战略合作协议，深化科技金融合作，助力科技自立自强。根据协议，双方将围绕支持国家战略科技力量、企业技术创新与科技成果转化、科技创新创业等领域开展深度合作。

2021 年 8 月 31 日，继重庆国家金融科技认证中心成立后，北京国家金融科技认证中心完成工商登记。该公司注册资本 1 亿元，3 月 12 日由北京中金国盛认证有限公司更名而来，持有重庆国家金融科技认证中心 50% 股份，由央行旗下的中国金融电子化公司全资控股。将推动监管科技的技术进步，在市场、技术、监管三方面实现协同发展。

2021 年 9 月 3 日，北京证券交易所注册成立，是经国务院批准设立的中国第一家公司制证券交易所，受中国证监会监督管理。经营范围为依法为证券集中交易提供场所和设施、组织和监督证券交易及证券市场管理服务等业务。以新三板精选层为基础组建北京证券交易所，将推动完善中国特色多层次资本市场体系，助力形成支持中小企业持续成长的市场服务体系。通过创造积极向上的良性市场生态，打造从创投基金和股权投资基金到区域性股权市场，再到新三板和交易所市场，持续支持中小企业科技创新的全链条服务体系，促进科技和创新资本融合，持续培育发展新动能。

附录 3　2021 年部分科技金融学术论文

[1] 陈德球，孙颖，王丹．关系网络嵌入、联合创业投资与企业创新效率 [J]．经济研究，2021, 56(11):67-83.

[2] 陈振权，李大伟，吴非．科技金融政策、企业生命周期与数字化技术应用：基于"科技和金融结合试点"的准自然实验 [J]．南方金融，2021(9):3-19.

[3] 成程，李惟韬，阳世辉．政府引导基金对地区经济发展及溢出效应的影响分析 [J]．财经理论与实践，2021, 42(5):18-25.

[4] 冯锐，马青山，刘传明．科技与金融结合对全要素生产率的影响：基于"促进科技和金融结合试点"准自然实验的经验证据 [J]．科技进步与对策，2021, 38(11):27-35.

[5] 冯永琦，邱晶晶．科技金融政策的产业结构升级效果及异质性分析：基于"科技和金融结合试点"的准自然实验 [J]．产业经济研究，2021(2):128-142.

[6] 高宏霞，王倩倩．风险投资对科创板上市企业技术创新产出的效应研究 [J]．工业技术经济，2021, 40(11):11-19.

[7] 谷方杰，张文锋．创业投资对实体经济贡献的测度：滞后与结构效应 [J]．中国科技论坛，2021(5):126-136.

[8] 郭丽虹，朱柯达．金融科技、银行风险与经营业绩：基于普惠金融的视角 [J]．国际金融研究，2021(7):56-65.

[9] 郭滕达，段林霄．区块链技术在国家治理中的应用：情景设计与建议 [J]．中国科技论坛，2021(11):142-148.

[10] 何剑，郑智勇，李峰，等．风险或稳定：科技金融发展的异质性分析 [J]．中国科技论坛，2021(7):158-168.

[11] 胡滨，任喜萍．金融科技发展：特征、挑战与监管策略 [J]．改革，2021(9):82-90.

[12] 胡欢欢，刘传明．科技金融政策能否促进产业结构转型升级 [J]．国际金融研究，2021(5):24-33.

[13] 胡吉亚．科技金融助力战略性产业高端化的逻辑、绩效与着力点 [J]．北京社会科学，2021(7):84-97.

[14] 华坚，施明月，王育芳．科技金融、产业结构优化与区域生态效率：基于空间计量模型的实证分析 [J]．技术经济，2021, 40(5):16-26.

[15] 黄福广，张慧雪，彭涛，等．国有资本如何有效参与风险投资：基于引导与直投的比较证据 [J]．研究与发展管理，2021, 33(3):30-42.

[16] 黄仁全，田径，王娟娟．西安市科技金融发展效率及动态影响因素 [J]．科技管理研究，2021, 41(6):90-97.

[17] 黄益平，邱晗．大科技信贷：一个新的信用风险管理框架 [J]．管理世界，2021, 37(2):2,12-21, 50.

[18] 李大伟，田何志，吴非．科技金融、企业数字技术应用与产业结构优化 [J]．金融理论与实践，2021(7):29-39.

[19] 李希义．我国的高新技术企业到底有多强？[J]．科技与金融，2021(11):65-70.

[20] 李晓伟，刘琪，傅珍珍，等．创业投资对制造企业创新的资源支持效应：股东积极主义路径与异质性情境 [J]．科

技管理研究 , 2021, 41(10):18-27.

[21] 李媛媛 , 刘思羽 . 科技金融网络对企业技术创新的影响：基于企业生命周期视角 [J]. 中国科技论坛 , 2021(6):119-128.

[22] 刘栾云峤 , 张玉喜 . 区域科技金融生态系统共生与进化实证研究 [J]. 科技进步与对策 , 2021, 38(5):48-58.

[23] 刘姝璠 , 张荣光 , 邓江晟 . 科技金融、高新技术产业与产业结构升级 [J]. 统计与决策 , 2021, 37(2):145-149.

[24] 刘义臣 , 沈伟康 , 刘立军 . 科技金融与先进制造业创新发展的动态耦合协调度研究 [J]. 经济问题 , 2021(12):36-43.

[25] 龙海明 , 任雪莹 , 李涵钰 . 科技金融对制造业结构升级的影响研究 [J]. 湖南大学学报（社会科学版）, 2021, 35(6):80-89.

[26] 陆园园 . 科技与金融深度融合发展的新方略 [J]. 南京社会科学 , 2021(5):31-38.

[27] 罗琰 , 谷政 . 基于 VaR 的科技保险风险补偿问题研究 [J]. 运筹与管理 , 2021, 30(12):185-190.

[28] 钱肖颖 , 孙斌栋 . 基于城际创业投资联系的中国城市网络结构和组织模式 [J]. 地理研究 , 2021, 40(2):419-430.

[29] 沈蕾 , 陈嘉伦 . 区块链在政府引导基金管理中的运营机制 [J]. 税务与经济 , 2021(2):98-104.

[30] 沈丽 , 范文晓 . 我国科技金融效率的空间差异及分布动态演进 [J]. 管理评论 , 2021, 33(1):44-53, 67.

[31] 孙龙 , 雷良海 . 科技金融生态对科技创新的跨层级交互作用研究：基于两阶层线性模型的实证分析 [J]. 技术经济 , 2021, 40(2):1-7.

[32] 孙维 . 成都市科技金融体系的实践与经验启示 [J]. 财政科学 , 2021(4):152-160.

[33] 汪淑娟 , 谷慎 . 科技金融对中国经济高质量发展的影响研究：理论分析与实证检验 [J]. 经济学家 , 2021(2):81-91.

[34] 魏世杰 , 彭春燕 . 以"京蒙高科"为例看区域协同创新的异地孵化新模式 [J]. 科技中国 , 2021(5):72-74.

[35] 夏清华 , 乐毅 . 风险投资促进了中国企业的技术创新吗？ [J]. 科研管理 , 2021, 42(7):189-199.

[36] 徐明 . 政府引导基金是否发挥了引导作用：基于投资事件和微观企业匹配数据的检验 [J]. 经济管理 , 2021, 43(8):23-40.

[37] 徐越倩 , 李拓 , 陆利丽 . 科技金融结合试点政策对地区经济增长影响研究：基于科技创新与产业结构合理化的视角 [J]. 重庆大学学报（社会科学版）, 2021, 27(6):1-15.

[38] 薛宏刚 , 王浩 , 管艺洁 . 政府引导基金能否促进区域创新能力的提高？ [J]. 兰州大学学报（社会科学版）, 2021, 49(4):68-77.

[39] 薛薇 , 魏世杰 . 新时代我国引导社会资金投入科学研究的支持政策研究 [J]. 中国软科学 , 2021(5):59-69.

[40] 杨凯瑞 , 申珊 . 改革开放以来中国科技金融政策演变与启示：基于对中央政府政策文本的共词分析 [J]. 中国科技论坛 , 2021(6):105-118, 148.

[41] 杨嫩晓 , 安则同 . 科技创新与科技金融协同效应研究：基于陕西数据的实证分析 [J]. 西安财经大学学报 , 2021, 34(3):43-52.

[42] 张俊芳 . 从国外科技成果转化产权制度看我国现行制度改革 [J]. 科技中国 , 2021(1):64-67.

[43] 张庆国 . 中国政府引导基金投资引导效果实证分析：基于联立方程模型 [J]. 财政科学 , 2021(1):34-46.

[44] 张玉喜 , 刘栾云峤 . 共生视角下科技金融生态系统对科技创新的影响 [J]. 系统工程 , 2021, 39(3):25-36.

[45] 钟成林 , 胡雪萍 . 科技金融数字化对科技型中小企业融资能力影响研究：基于异质性实现形式视角 [J]. 重庆大学学报（社会科学版）, 2021, 27(6):46-58.

[46] 周春应 . 中国科技金融对区域经济增长的影响研究：基于空间计量模型 [J]. 技术经济与管理研究 , 2021(7):3-7.

[47] 周代数 . 数字化背景下的创新范式转型及其金融支持 [J]. 科技中国 , 2021, 289(10):40-43.

[48] 周文斌 , 后青松 . 创业投资税收优惠政策与创投企业资金流向 [J]. 税务研究 , 2021(7):44-51.

[49] 周育红 , 刘建丽 , 张世泽 . 资本来源对创业投资绩效的影响路径研究：制度公平与结构洞位置的作用 [J]. 南开管理评论 , 2021, 24(5):84-93, 94-95,138.

[50] 朱欣乐 . 中美众筹发展现状及对我国的政策建议 [J]. 科技智囊 , 2021(1):26-33.